山西体育文化丛书

后二青会时代的体育与城市发展

《山西体育文化丛书》编委会 编

山西出版传媒集团
山西人民出版社

图书在版编目（CIP）数据

后二青会时代的体育与城市发展 /《山西体育文化丛书》编委会编. —— 太原：山西人民出版社，2019.8
（山西体育文化丛书）
ISBN 978-7-203-10992-1

Ⅰ.①后… Ⅱ.①山… Ⅲ.①体育事业－关系－城市发展－研究－山西 Ⅳ.①G812.725②F299.272.5

中国版本图书馆CIP数据核字（2019）第145761号

后二青会时代的体育与城市发展

| 编　　者：《山西体育文化丛书》编委会
| 责任编辑：赵晓丽　席　青
| 复　　审：武　静
| 终　　审：秦继华
| 装帧设计：基因印刷

| 出 版 者：山西出版传媒集团・山西人民出版社
| 地　　址：太原市建设南路 21 号
| 邮　　编：030012
| 发行营销：0351-4922220　4955996　4956039　4922127（传真）
| 天猫官网：https://sxrmcbs.tmall.com　电话：0351-4922159
| E－mail：sxskcb@163.com　发行部
| 　　　　　sxskcb@126.com　总编室
| 网　　址：http://www.sxskcb.com

| 经 销 者：山西出版传媒集团・山西人民出版社
| 承 印 厂：山西新华广告有限公司

| 开　　本：787mm×1092mm　1/16
| 印　　张：16
| 字　　数：260 千字
| 印　　数：1—3000 册
| 版　　次：2019 年 8 月　第 1 版
| 印　　次：2019 年 8 月　第 1 次印刷
| 书　　号：ISBN 978-7-203-10992-1
| 定　　价：49.00 元

如有印装质量问题请与本社联系调换

《山西体育文化丛书》编委会

主　任　赵晓春　苏亚君
副主任　袁乃平　田麦久　杜学文　李俊温　高　波
委　员（以姓氏笔画为序）
　　　　　王　福　石　岩　田文波　杜　荣　李润民　张卫平
　　　　　张文智　张锐锋　武锐强　周文杰　侯　冰　程中平

《山西体育文化丛书》出版委员会

主　任　胡彦威
副主任　姚　军　梁晋华
委　员　武　静　高　雷　蔡咏卉　席　青　赵晓丽
　　　　　张慧兵　郭向南

《后二青会时代的体育与城市发展》编委会

主　编　石　岩
委　员　（以姓氏笔画为序）
　　　　田文波　乔子煜　刘映海　张长青　侯　冰
　　　　靳远川

欣逢盛会谱华章

——《山西体育文化丛书》代序

山西省体育局为庆祝中华人民共和国成立 70 周年，喜迎二青盛会，而精心编撰的《山西体育文化丛书》即将付梓，编辑同志约我作序，我欣然应命。

翻阅厚厚的 6 册书稿，品读一篇篇情真意切的心血之作，数十年体育历程一时翻腾在脑海之中。

2019 年是中华人民共和国成立 70 周年。就山西体育而言，2019 年同样值得骄傲和铭记。这一年，山西体育发生和即将发生诸多大事，其中最让人难忘的是二青会的承办。在共和国成立 70 周年这个大背景的铺陈下，承办这样一届综合性运动会，既是山西体育界的一大盛事，也是山西人民为国庆 70 周年奉献的最好礼物。同样，值此时刻，这套锦上添花的系列丛书，也会极自然地被读者看作山西体育人馈赠二青会的珍贵礼物。

众所周知，本届青运会是中华人民共和国成立以来山西承办的规模最大、参与人数最多的体育活动。在体育领域，放眼国内外，本届青运会的项目设置、参赛人数、时间跨度以及各项活动的多元性也是前所未有、首屈一指的。

当下，二青会的筹备工作已进入决胜阶段，纷繁冗杂的事务相互交织，千头万绪。组委会同志负任蒙劳，不遑启处，而我们体育部门的同志又恰恰置身筹备团队的第一方阵。从动议到付梓,丛书出版只有短短3个月时间,按常理,几乎是一个"不可能完成的任务",但居然完成了。行文至此,我想到我们二青会的筹备工作又何尝不是如此!

在围绕二青会展开的一系列相关活动中,这套丛书的出版是一件极具文化意义和学术价值的事情。当然,囿于时间、经验等方面的局限,加之一些现实原因,丛书在若干细节上还有值得商榷和需要改进的地方。具体到每一篇文章,谋篇布局未必讲究,遣词造句还不尽细腻。尽管如此,体育人的豪迈、赤诚仍跃然纸上。

丛书共6册,分别为《初心与使命——新中国山西体育70年70人》《后二青会时代的体育与城市发展》《三晋体育诗赞》《新声:三晋体育文化大讲堂撷英》《众说:我们的青运会》《风华满三晋——山西全民健身掠影》。

《初心与使命——新中国山西体育70年70人》抒写了山西70位功勋卓著的体育工作者的奋进和情怀。之所以择定70人,我想是为了契合共和国成立70周年这个时间节点。事实上,山西体育在70年的发展历程中,无数同志筚路蓝缕,接续奋斗,为山西体育做了大量工作,这70位同志,只是众多优秀体育人的代表。他们个人的奋斗历程,置于山西体育70年的辉煌史中,其实是一个个铿锵的足印。

《后二青会时代的体育与城市发展》应时应势收录了33篇论文。如果以时间为序把二青会划为三个单元,可以发现筹备期不长,比赛期更短,而赛后乃至未来才是一个较长的时段。二青会结束后,山西体育、山西经济社会如何发展,50多位论文作者未雨绸缪、见仁见智,以二青会的举办为背景和发端,从不同视野和角度为山西社会的未来发展提出了建议,勾画了蓝图。

如果说《后二青会时代的体育与城市发展》一书是围绕一个较为明晰的既定课题结集成书,那么,《新声:三晋体育文化大讲堂撷英》

的主旨就较为宽泛了。近年来，山西省体育局高度重视体育文化建设。两年时间，约请了十余位在体育界及相关领域具有较深学术造诣的专家学者来为山西体育传道授业，指点迷津。此书集成了诸位学人在山西的讲座内容。相信它的面世，必将为山西的体育文化建设提供值得期许的助推。

《三晋体育诗赞》收录诗、词101首。作者是十余位德高望重的老一辈体育工作者，他们饱含对山西体育的殷殷期盼和深深祝福，以浓墨重彩的笔触为山西体育摇旗呐喊，击节助威，可以说篇篇锦绣，字字珠玑。

《众说：我们的青运会》呈现的是50位不同身份、不同职业、不同经历，在二青会筹备和举办过程中承担不同工作的平凡人士。他们就是我们身边"熟悉的陌生人"。他们对二青会的诠释就是我们对二青会的解读，他们对二青会的向往就是我们对二青会的期冀，他们对二青会的感怀就是我们对二青会的祝福。二青会之于他们价值诉求、人生轨迹的作用与改变，帮助我们从不同层面对二青会有了全新的认知。

《风华满三晋——山西全民健身掠影》是6册书中唯一一本画册，图文并茂，印制精美，通过大量生动写实的图片向读者展示了山西人民精彩的"体育人生"。习近平总书记指出："没有全民健康，就没有全面小康。"当下中国，大众健康已上升至实现民族复兴、增进人民福祉的国家战略层面；今日山西，群众的健身自觉已然形成，健身热情空前高涨。该书正是山西人民向往健康、投身健身的真实写照。

上马击狂胡，下马草军书。在挥汗如雨筹备二青会的关键时期，在戎马倥偬的非常时段，大家能争分夺秒完成丛书出版，我作此序，权作致敬、致谢——感谢这套丛书全景式展现了山西体育的奋斗历程和建设成就。

最后，希望读者看完丛书后，还愿意什袭典藏。是为序。

山西省体育局局长、党组书记

2019 年 7 月

序

城市是人类文明发展的产物和重要标识。当下，正处在经济全球化、文化多元化的时代，城市的发展是其中的一个重要主题，探讨城市的全面发展成为促进社会进步的重要课题。作为人类文明发展产物的体育，无论是在古希腊城邦时代还是在今天的全球语境下，都与城市的发展密切相关。特别是一个多世纪以来，体育与城市发展形成良性互动、互相依存、互相促进之势，呈现出丰富而生动的现代化图景。

改革开放40多年来，我国创造了世界上罕见的经济发展奇迹。2018年，我国的城市化率已达59.58%，城市的发展已经成为我国社会发展的内在驱动。随着社会的进步与发展，体育作为新兴产业对经济发展驱动的作用日益加强，成为城市发展的重要驱动力。在此背景下，山西省2019年8月举办的第二届全国青年运动会（简称"二青会"），既是对山西社会建设成果的一次大检阅，也是对山西未来发展的重要推动。如何充分发挥二青会的边际效应，使其对山西城市、社会发展产生更大的综合效益是我们必须面对的课题。

山西省体育局的同志们对此有着十分清醒的认识，在二青会举办之前，他们未雨绸缪，对二青会后体育与城市发展进行了深入探讨，并举办了"后二青时代体育与城市发展高峰论坛"，邀请国内知名专家学者就这一主题进行了深入研讨，《后二青会时代的体育与城市发展》一书即该论坛学术成果的撷取与总结。

《后二青会时代的体育与城市发展》是《山西体育文化丛书》中

的一卷，是山西省体育文化建设的重要成果呈现。书中对城市与体育的发展逻辑进行了全方位的解构：既有宏阔的体育与城市发展的宏观研究，也有精细化的体育与城市发展的微观探讨；既有总体性的竞技体育、群众体育、体育产业发展对城市发展驱动的实践研究，也有具象化的运动项目对城市发展的推动与促进的机制探讨。总而言之，《后二青会时代的体育与城市发展》一书从全方位、多视角就二青会对山西城市发展和社会进步产生的影响进行了全面剖析，为山西转型发展中的体育方案进行了有益的思考，对山西乃至全国的体育与城市互动发展提供了诸多具有前瞻性的建议。从此意义而言，这也是体育工作者为山西经济建设和社会进步做出的重要贡献。

  体育与城市如何良性互动发展，既是现代社会发展面临的重要课题，也是人类文明发展至此须解决的现实问题；对此问题的深入研究既是时代赋予我们的历史使命，也是社会发展对我们提出的具体要求。我们应以《后二青会时代的体育与城市发展》为起点，以山西体育与城市发展的成功经验为案例，将体育与城市发展这一论题不断深耕，产出更多源于体育与城市发展实践且能有效引领实践的研究成果，为体育发展注入活力、为城市进步提供动力、为人类文明贡献智力。是为序。

肖焕禹

2019 年 7 月

目 录

冰雪特色小镇建设的基本思路 　　　　　　　　　　　　林显鹏 / 001

体育与人、城市的发展 　　　　　　　　　　　　　　　肖焕禹 / 005

后全运时代的体育与城市发展 　　　　　　　　　　　　李克敏 / 008

《体育与城市发展高层论坛对话》报告 　　　　　　　　　　 / 017

全国青年运动会促进山西城市发展软实力的机制研究 　　成民铎 / 032

二青会对山西经济、文化、社会的积极影响 　　　　　　张晓蕊 / 043

二青会城市体育标语对山西省精神文明建设的影响研究 　张和平 / 051

后二青会时代山西经济可持续发展路径研究 　　　　吕慧　秦洋洋 / 058

后二青会时代山西幸福体育的构建 　　　　　　　　　　宋韬 / 064

后二青会时代对太原市城市品牌塑造的影响研究 　　张振龙　王超 / 069

二青盛会，三晋生辉
　　——二青会对山西的重要影响研究 　　　　　　　　刘俊蓉 / 078

后二青会时代山西休闲产业发展策略研究 于芳 张锐 / 084

二青会对山西体育产业的影响研究 杜文杰 / 091

第二届全国青年运动会对三晋全民健身可持续发展影响的研究

刘红星 严华瑾 / 099

新媒体语境下的二青会媒介运用与新闻报道探析

赵国珍 李江 武荣荣 / 107

后二青会视域下西侯度圣火发"火"的人类学考察

王冬慧 马苗 林辰宣 / 115

二青会与三晋传统体育文化的互融研究 刘敏 万三清 / 122

举办二青会对城市体育文化发展的贡献 金雨 王晓红 / 131

山西省文化软实力的 SWOT 分析 范晨曦 王晓红 / 137

第二届全国青年运动会对山西体育职业教育的影响 温宏君 / 144

后二青会时代山西高校体育人才培养初探 李保平 李君灵 / 150

后二青会时代如何推动山西航空体育运动发展 白小波 / 158

后二青会时代山西青运遗产旅游的发展路径研究

许磊 牛亦博 白宁 / 165

太行山脉历史文化资源背景下体育旅游的 SWOT 分析与发展路径

刘易斯 王晓红 / 169

二青会对山西旅游业的影响 高飞 侯婵莉 / 180

2022年冬奥会背景下大同市冰雪体育旅游发展对策研究

　　　　　　　　　　　　　　　　　李翠霞　赵岷　曹亮杰 / 186

后二青会背景下山西互联网+冰雪体育旅游的营销模式与发展路径

　　　　　　　　　　　　　　　　　　　　　　　　闫昱静 / 194

冰雪运动的风险评估及预防对策研　　　赵岷　高升　刘昌宏 / 200

后二青会时代体医融合的发展思考　　　　　　　赵静　张凌云 / 210

后二青时代5G技术在体育领域的应用前景和发展趋势　刘艳 / 215

场馆再利用：当二青会遇上圣天湖　　　　　　　　　杨国珍 / 220

阳泉射击射箭场馆二青会赛后利用设想　　　　　　　王跃贤 / 228

后二青会时代场馆可持续使用运营的研究与探索　　　　杨鑫 / 234

冰雪特色小镇建设的基本思路

林显鹏

北京体育大学

各位领导,大家上午好,非常高兴来到太原,与大家分享冰雪运动,尤其是冰雪运动小镇的建设思路。

今天我给大家讲的内容主要包括以下两个方面:第一个方面,我给大家讲一下国内外三个比较有名、比较有特色的小镇,吸取他们的一些经验和教训;第二个方面,鼓励大家学习国外冰雪小镇建设和发展的基本特点,最后会提一些意见。大家都知道,习总书记非常喜欢体育运动,对体育事业提出了非常高的期待。2017年全运会开幕当天下午,在接见驱动主义先进"双研"代表的时候,习总书记讲,在新时期我们要打造体育强国。在建设体育强国当中,有三个方面非常重要。第一,习总书记强调我们要把体育纳入"两个100年"这一伟大工程当中,去思考和谋划体育;第二,习总书记的报告当中列出的重要讲话、做出的重要指示,一个非常核心的要义,就是以人的全面发展为一切发展的立脚点和出发点,也是体育发展的立脚点和出发点;第三,总书记强调,我们要以筹备2020年冬奥会为契机,把冬奥会办成精彩绝伦的奥运盛会,这是总书记的一个指示。

新型城市化建设一定要站在新的起点取得新的进展,要以人的城市化为核心。所以大家把目光投向了小镇,小镇有很多政策,这里就不展开谈了。因为大家对小镇的研究不太多,这里先给大家介绍下国内外比较有特色的小镇，之后我们会谈到小镇到底该怎么发展。我先给大家介绍美国亚斯平体育特色小镇，亚斯平是美国一个比较传统的煤矿工业小镇。二战之后，那里的煤被采光了。我觉得这对山西很有启发性，因为山西也是一个产煤大省，现在煤炭这个产业还有很多问题，尤其是我们应该怎么修复原来的这个小镇，美国给了我们很好的一个例子。在二战以后，他们把户外运动、体育作为小镇更新，尤其是煤矿更新的一个着力点，做了滑雪产业，建了4个滑雪场。我还是觉得，在小镇建设过程中，有一个基本规律，不是什么运动项目都能做成小镇，它一定是融合度比较高的项目，所以国际上高尔夫小镇、滑雪小镇比较多，另外小镇可以把高尔夫和冰雪并到一块。我们在体育产业的发展方面要拿出一些政策，昨天发改委找了一些专家，我也在其内，我也给发改委提了很多意见和建议，其中包括冰雪和小镇，也提到了体育场馆的问题，二青会一定会建设很多体育场馆，一定面临着这些场馆怎么运用怎么发展的问题。根据我的研究，我认为二青会是一项非常好的举措，但也面临着二青会后，这些场馆的运行和开发问题。中国的体育产业想要发展，就是产业要素能不能进入市场，进入市场越多，效率就越高。那么体育产业当中，除了人才、资金、技术之外，实际还包括体育场馆，我们已经把体育赛事解放出来了，下一个需要解放的就是体育场馆，一定要让企业参与进来，这样才能把它盘活。我们再谈亚斯平小镇，不是哪个体育项目都能做成小镇，一定是黏合度比较高的，像冰雪、高尔夫、大球是有可能的，有的地方做羽毛球小镇、网球小镇、乒乓球小镇，我觉得比较难，因为完全没有必要到郊区，在市里面就可以找到地方，但是滑雪、高尔夫不行，所以这些项目可以做成小镇，这是亚斯平小镇的一个基本经验。这个小镇除了做体育之外，还有会议，这里有数十个会议、研讨和论坛，还有一年一度的亚斯平音乐节、设计节、芭蕾节等等。在这样一个背景下，他们也注重发展房地产业，主要侧重名人、富人的第二居所，高端的度假胜地。

第二个要讲的是惠斯勒小镇，主要来讲配合 2010 年温哥华冬奥会举行的冰上赛事。惠斯勒有两个比较大的雪场，举办的是滑雪赛事，中间用了一条 160 多英里的滨海高速公路，高速公路的西侧靠着大海，东边是山脉和森林地带，打造了一个点线面相结合的户外运动空间，实际上这个规划的布局对我们也很有启发。惠斯勒是温哥华的后花园，是我们研究户外运动小镇一个非常好的样板。惠斯勒小镇建在惠斯勒山和黑梳山之间，在这个小镇里面，专门建了一个服务区。除此之外，在山底下有很多公园，还有很多高尔夫球场、许多居所，里面的住宿是比较昂贵的。惠斯勒最大的特点是它的夏季，每到夏季那里有 40 多个大的 party，能把全球很多游客都吸引过来。我觉得山西有很多好的自然条件，东边有太行山，西边有吕梁山，我们这个地方山水相映，同时也是革命老区，我们可以植入很多红色体育的元素。我们也可以利用军事体育的一些项目，例如 3D 的穿越、徒步，3D 的挑战、拉练这种都可以做。最后跟大家讲一下长白山小镇，在吉林省抚松县。那里有两座山用作滑雪场，山脚下再往前走是一个湖泊，湖泊再往前走是两个坐落在森林里面的高尔夫球场。我觉得这个小镇做的标准化有这么几个特点，第一个特点是把冬季和夏季融合起来，夏季可以打高尔夫球，冬季可以滑雪；第二个特点是非常巧妙地把滑雪和滑冰相结合，山上可以滑雪，山脚下有冰雪乐园。我觉得他做得好的地方是非常重视客户的定位。大家在滑雪过程中，不是每个人都能滑到高低道，绝大多数的人是不会滑的。我觉得长白山小镇做得不错，山脚下有大量的冰雪区，可以很简单地做一些大轮胎，从雪道上一个一个放下来，再加上那种大雪架、儿童冰雪城堡、儿童雪地迷宫，还有雪地坦克、雪地保龄球，这个非常值得大家研究。

　　最后，我来归纳一下国内外几个小镇的特点。第一个特点是特色鲜明，什么是特色鲜明，体育特色小镇一定是有别人没有的，如果别人也有，我要有没关系，我要做的比你好才行。滑雪就是这样，惠斯勒特色小镇是在陡峭的冰川上修建滑雪道，这是它的特征，惠斯勒还有一个特色，可以四季滑雪，这在全世界很难找到。我们会想到新西兰黄龙镇，它为什么那么出名，因为那里有进行户外飞行、跳伞、蹦极等极限运动的设施。把所有户外极限运动都集中起来，这就是他的特色，我觉得这点很重要。第二个是产业融合很重要，体育产业是一个助力经济，英文叫作"attention economy"，它的意思是吸引眼球，本身并不太挣钱，但它的融合度很高，可以带动经济发展。比如万龙滑雪场里面一个三居室，一平方米卖到四万块钱，云顶会卖到两万一，富龙滑雪特色小镇卖到了两万五以上，全是两万以上，后期把餐饮带动起来了，把宾馆也带了起来，把这个县城住得满满的，其拥堵情况比上北京了。它的融合度，就是助力经济，所以我们在研究体育产业的时候，不能只看体育，一定要跳出体育来看体育，站在融合的角度来推动体育小镇的建设。第三个是内容非常丰富，"十二五"以后，我们国家体育产业投资市场大量收购国外的俱乐部，现在这个风降下来了，原因就是我们很多资本都流到了国外。中国的体育产业一定是创造了一大批老百姓愿意玩、愿意参与的内容，这是非常关键的，我非常希望我们通过二青会，把老百姓愿意参与的内容给打造出来。最后一个是文脉传承，我们感受到国外的小镇，对于文脉的结合非常严谨。比如音速布鲁克，中世纪时期的一个小镇，除了玩体育，就是回到历史，从历史来切入。我们中国不缺历史，我觉得我们山西有大量的古镇，我们有大量的民俗村，这些东西与体育有很好的结合。这样才能真的把小镇做起来。

体育与人、城市的发展

肖焕禹

上海体育学院

山西的文化底蕴深厚，正因为山西的文化底蕴比较丰厚，各方面的修养都非常好，山西这个地方很安静，所以大型的活动并不是很多，确实，我是第一次来参加。

今天我要讲的是体育和青少年，因为是二青会。我们讲为什么叫青年运动会，从改革开放之后，我们国家的体育事业取得很大的发展，所以很多运动会叫城市运动会。从1988年就开始叫了，国民运动会，各种各样的运动会都开始举办了。但是，城运会举办了7届以后，这个需要转变，为什么城运会搞了7届以后变成青运会，其中很重要的原因就是，所有的运动会，农民运动会也好，全运会也好，大学生运动会也好，参赛的场上，就那么几个人。第8届城运会改成青运会这样一个过程，这个改变，我觉得就是后备人才的培养、训练和比赛。

研究体育的时候，要研究其和社会的关系、和人的关系、和经济的关系。近代体育产生在英国，实际上中国的体育就是引进近代体育、现代体育，不断地学习和改革。体育已经在我们的青少年之中建立了一个相应的内容。体育和社会和人的关系，我们搞体育的人一定要把这个弄清楚，核心是教育问题。在这个过程当中，通过运动来培养塑造人，培养人格健康的人，这是我们核心的问题。

再讲一下二青会对举办城市的影响，之前讲的是大道理，现在要落到实处,二青会到底对城市发展有哪些影响。二青会的举办,首先使山西的形象发生了改变。首先从我这里对山西有了新的认识。山西搞了二青会,二青会是全运会的后备,这些东西的传播是很重要的,做了还要说出去,而且要大声地说出去,这就是传播,就是发动经济。说发动整个山西是不可能的,但是投入那么多,经济发展是肯定的,最起码道路得好好弄一弄,房子要建一建吧,墙得粉刷一下。落后的产业要优化,还有一点是就业,好多人就会找到工作了,这样大家都有事可做,都有钱赚了,对山西的发展有很好的促进作用。再看环境,二青会与城市的发展共生,昨天晚上走了一下,很干净,以前我也来过,挺脏的,煤烟味特别大,来一次后再也不想来了,现在你看,环境很好。地理、社会、经济、体育赛事和文化,一个产业链,多搞这样的活动,才可以使环境更整洁,社会发展更迅速。

另外,我们建了很多场馆,也建了很多运动员住的地方,大型体育运动会的场馆,普遍存在后续的利用、开发问题。很多国家奥运会结束后推土机来了,很多设施就被拆掉了。所以我们要做体育、文化、娱乐综合体,做商业综合体,而且,体育、娱乐、文化综合体要以体育为核心,要达到50%乃至70%是体育,如果能做到这点,就说明场馆的建设到位了,如果我们只有20%是场馆,80%是电影院、餐饮啊,这个综合体突出不了体育特色,所以这一点是非常重要的。

第二个是发挥体育对后备人才的培养作用,青少年后备人才培养制度的完善,以及赛事市场的培育。我们都说体育产业的主体是赛事市场,一个是广告,一个是媒体的转播,再就是门票,三个大的因素推动着体育产业的发展。

还有一个是加强城市信息化建设,打造智慧体育。最后我介绍一下体育信息化的问题,体育发展到今天,没有体育的信息化就没有体育的现代化,这一句话需要牢牢记住,因为我们现在到了一个信息社会,信息社会里面的信息化、自动化,是为信息发展插上了有力的翅膀,是体育腾飞的关键。以上海为例,上海市建了一个系统,把上海的所有体育场馆，所有的体育组织，所有的体育赛事，所有的体育的相关政策、宣传、法规，都放到这个平台上，建立了一个大数据库，你只要报名这个系统，政府要哪一块，都能调出来。现在是数据说话的时代，以前我们都是定性的研究，现在是定量的研究，我们将来的发展也是用数据说话，用事实说话，用信息化为体育插上翅膀，使体育腾飞。山西省有很多人才，一定会名列前茅，一定能在这方面做得很好。我也希望山西体育越来越好，二青会举办成功。

后全运时代的体育与城市发展

李克敏

天津市体育局

尊敬的晓春局长，尊敬的王市长，山西体育界的各位领导、各位专家、各位同人，媒体朋友们，大家上午好。很高兴来到山西，也是我的家乡。看到美丽的太原，觉得每一次来到山西，都有一个新的变化，新的感受。特别是二青会这样一个综合性的赛事在山西举行，我感受到浓浓的大赛氛围，而且有机会利用这样一个高规格的研讨会，向山西的同人汇报一下我们天津举办第十三届全运会的收获和体会，特别是落实赵局长给我出的题——"全运会和城市发展之间的关系"。刚才听到肖教授和林教授讲到的一个大型综合性运动会给一个省份、城市发展带来的巨大变化，看看我们天津的实践是不是和我们教授的研究相吻合。

天津跟山西的关系是非常紧密的，我们周围有很多的山西人在天津工作。天津被誉为中国近代体育的摇篮，中国奥林匹克的发祥地之一。南开大学的创始人张伯苓先生率先提出奥运三问，天津也开创了中国近代体育的若干个第一。所以天津有着悠久的体育文化历史，近年来也培养出了李珊、张娜、张萍、滕文、陈一冰、魏秋月、李小军等一批奥运冠军，同时天津也为我国全民健身计划实施纲要、社会体育指导员等群众体育制度的创立做出了一些贡献。而且天津这几年也举办了多个大型的体育赛事，比如说第六届东亚运动会、第九届全国大学生运动会、第十三届全运会、中俄青少年冰球友谊赛，现在正在举行的是第十届残运会和第七届特奥会，特别是残运会，我们天津第一个实现了全运会和残运会同城举办的目标，全国第六届大众冰雪季也将于2019年下半年在天津举行。第十三届全运会的基本情况是这样的，在党中央、国务院的坚强领导下，在国家体育总局的有力指导下，在国家有关部委及兄弟省市的大力支持下，第十三届全运会于2017年8月27日至9月8日在天津成功举办。习近平总书记出席开幕式，宣布全运会开幕并做了重要讲话，李克强总理出席了闭幕式。第十三届全运会的举办，充分展示了党的十八大以来，在以习近平同志为核心的党中央的领导下，中国特色社会主义事业取得的辉煌成就，体现了"全运惠民，健康中国"的办赛宗旨和"创新、安全、节俭、绿色、精彩"的办赛理念，体现了全国体育健儿精湛的体育技艺和良好的赛风赛纪，得到了党和国家领导人的充分肯定，受到了社会各界的高度评价。第十三届全运会是我们国家迄今为止参赛人数最多、规模最大、竞技水平最高、社会关注度最广的一届全运会。有2万名运动员参加33个竞技体育项目和19个群众体育项目的533个奖项的争夺，技术官员、媒体和记者、来津参赛的相关工作人员达到10万人。我们是在2016年5月6日成立的组委会，本着节约高效的原则设立了24个工作部门，从全市各单位抽调及从社会上招募了一批本科以上的工作人员，组成了一个800多人的精干队伍，另外还有40多个竞委会是3000多人，加起来是3900人左右的一个筹备班子。

　　第十三届全运会树立以人民为中心的办赛理念，推动体育事业协调发展，打造创新全运；牢固树立安全第一的理念，严守标准和底线，打造安全全运；认真贯彻落实中央八项规定，狠抓制度建设，打造廉洁节俭全运；精心组织重大活动，加强新闻宣传，打造精彩全运。首先是协同推进全运惠民工程，为了深入贯彻总书记对体育工作的重要指示精神，实施全民健身国家战略，推进健康中国的建设，探索全运会创新改革之路。2015年我们提出来要利用全运会推动全民健身体育事业发展，与国家体育总局共同签署了全运惠民工程，从 2015 年启动到 2018 年年底结束，时间跨度为 4 年。实施全运惠民工程，总的目标是探索群众体育和竞技体育协调发展、互促共赢的机制，探索在全运会及大型运动会举办地，特别是筹备全运会的 4 年里，积极地推进群众体育事业优先发展的新模式，推动天津市建立和完善全民健身公共服务体系，深化改革创新，形成政府购买体育服务这样一个新的格局，特别是利用市场资源推进健身服务和市民消费，享受多元化全民健身的新格局。让人民群众充分享受到举办全运会带来的体育实惠、体育成果。全运惠民实施以来，天津人均体育场地面积达到了 2.15 平方米，5000 多个体育社团遍及津门，42% 的天津人经常参加体育锻炼，全市城乡居民国民体质检测标准达标率达到了 93%，目前这几个数字排在了全国的前列。

第二是群众项目首次进入全运会，按照党中央、国务院深化改革要求，总局进一步深化综合性运动会的改革，在距全运会开幕几个月前，要求组委会以同等办赛规模、同等计分方式、同等办赛标准，安排 19 个大项 126 个小项进入全运会，这也是全运会历史上的第一次。我们体育局响应总局的号召，提出来"我要上全运"的全民参与全运会的思路。一时间全国数百万的群众参加了全运会群众项目的选拔，全运会群众比赛坚持以普通群众的认同感、获得感和幸福感为目标，让普通的百姓与奥运冠军享受同样的竞赛条件，从旁观者变成参与者，让健身群众成为全运会赛场的主角，极大地激发了人民群众参与全运会的热情，也使得这一届全运会的社会关注度得到了空前的提高，真正实现了全民参与、全民全运，此举也得到了习近平总书记的高度评价，他说"这才是真正的全运会"。

第三是改革创新、多措并举，本着为国家选材和储备人才的指导思想，根据东京奥运会项目设置的情况，全运会增设了男子 800 米自由泳、射箭混合团体等 21 个小项，打破地方壁垒，在游泳、田径等 10 个大项 49 个小项上实现了跨省组队参赛，优势互补、强强联合。特别感谢山西,我们共同拿了自行车的金牌,我和苏局在现场为自行车选手颁奖。此次全运会实施教练员激励政策,让教练员和运动员同台领奖,把幕后英雄推向前台,充分体现了尊师重教的思想。同时以零容忍的态度、更完善的防范手段、更严厉的措施,把全运会的赛风赛纪和反兴奋剂工作做得更加扎实,营造了干净的竞赛环境。一系列的创新举动让"全运惠民、健康中国"这一办赛主题落地生根,打造出一届全新的全运会。

第四是全民共享,快乐全运。启动全运惠民、免费观赛活动,免费发放观赛门票达到了 100 万多张,也开设了票价 10 元的惠民专场,让更多的普通市民在家门口欣赏到高水平的赛事。精心安排群众比赛,比赛场馆安排在全市 10 个行政区,最大限度地贴近了广大市民,同时开辟了 5 条全运会公交线路,方便市民观赛。

第五是赛事成绩诠释精彩。全运会共设 33 个竞技体育比赛和 19 个群众体育比赛,总计 543 个小项。共有 20743 名运动员参赛,其中竞技体育是 12700 多人,群众体育是 8000 多人,其中有三人一队四次超四项世界纪录、两人三次超三项亚洲纪录、九人一队十一次创十一项全国纪录、一人两队三次创三项全国少年纪录。

第六是开闭幕式精彩纷呈,开幕式"逐梦远航"和闭幕式"幸福万万家"文体展演充分展示了党的十八大以来全国和天津经济社会发展的辉煌成就,凸显了天津的地域文化特色;同时依托高科技手段全程使用 3D 全息投影技术;6000 余人的参演队伍,99% 都是群众和大学生。在开幕式的组织工作中,科学设计、统筹规划、反复推演、精心组织,对开幕式当天从贵宾到普通观众的抵离时间和流限做出充分的安排。实现一张图管理,具体到每一个人,细化到每一分钟,确保组织科学高效,运行精准流畅,制定 11 大类 186 项突发事件的应急预案,加强演练确保了现场快速组织有效应对。

第七是始终坚持大安保的理念,做好安全保卫工作。在党中央和国务院的统一领导下,建立了国家层面的协调指挥体系,由天津市牵头指挥、各区负责三级指挥，形成统一领导、集中指挥、分工配合、高效协作的大安保格局。组委会安排保卫部坚持实战引领，制订了1776项安保方案和1282项任务分解，调动了3.5万名公安干警和消防官兵、8000余名武警，发动了54万治安积极分子和社会力量投入全运安保工作，实现了平安全运。

第八是严格做好食品安全监督检查工作。在市场建管委、市农委、市出入境检验检疫局、市体育局等部门直接参与下，坚持全程无缝监管的原则，采取源头控制和过程监管相结合，分兵负责的监管措施，实现从农田到餐桌的各环节全程保障。全运村工作人员分3个班次，对餐厅实施24小时监管，严格落实食品留样制度，赛会期间完成150余万人次的食品安全保障工作，抽检样品达到了4.52万份，未发生一例兴奋剂事件和食物中毒事故，圆满完成了食品安全保障工作。

第九是细致认真地做好医疗卫生的保障工作，全市36家定点医疗保障机构和1000多名医护人员、260余名公共卫生工作人员参与了全运会的医疗卫生保障工作。51个竞委会均成立了医务处，各比赛场馆、接待酒店、新闻中心均设立了专业的医务室。我们在全运村设立了一所三级甲等医院，派出了135名医务人员24小时应诊，赛会期间累计派出医护人员5614人次，出动救护车1623辆，完成医疗保障服务6841人次，运转伤病员165人次，未发生重大伤亡事故和疫情，圆满完成全运会医疗保障任务。

第十是场馆建设科学布局、合理安排，最大限度考虑赛后的综合利用。按照既要满足全运会比赛的需求，又要兼顾赛后利用的原则，确立了以市体育局系统、高校及区级体育场馆为主，企业社会场馆为辅的场馆规划布局。组委会场馆工程部按照场馆资源科学规划、合理布局、统筹使用的思路，对26个现有场馆进行了提升改造，赛会利用率达到了55%。21个新建场馆在规划建设中做到了四个结合，即与高校的教育教学需求相结合、与专业体育训练相结合、与全民健身场地配置相结合、与体育产业发展相结合，有效地解决了赛后利用的难题，避免了资源的浪费。同时，我们实施了科技全运和数字全运，刚才肖教授讲了全运会所有场馆实施了数字信息的全覆盖，集中在信息指挥中心的一个大屏幕上。

第十一是合理规划全运村。全运村是三村合一，也就是运动员村、技术官员村和媒体村，规划建筑面积32万平方米，建设了81栋高层建筑。全运会后按照市场价格销售一空。

第十二是节能降耗贯穿各项工作始终。无论是从场馆设计还是市容提升，都充分考虑了节能环保和可持续发展。我们新建成的体育中心对能源消耗实施了统一的规划，包括竞技区、生活区、训练区在内实现了百分之百的绿色建筑。目前，这个绿色建筑群已经被住建部评为绿色建筑的示范园区。

第十三届全运会的成功举办，主要得益于三个方面。一个是党中央高度重视和亲切关怀，刚才我们也讲到了，总书记对体育事业高度重视，多次发表重要讲话和做出重要批示，对于全运会筹办工作也指明了方向，提供了根本的遵循，总书记出席开幕式并且接见"双千"代表，同时做了重要讲话，对于我们体育工作者是一个莫大的鼓舞。李克强总理参加闭幕式，并且宣布运动会闭幕。刘延东副总理四次到天津视察工作，为我们解决了实际工作中的困难。

第二是市委市政府政治站位高、决策科学，筹备工作靠前指挥。市委市政府高度重视筹备工作，除了所有分管市领导都担任副主任以外，还成立了由常务副市长牵头的指挥部。这个指挥部发挥了重要的作用，从倒计时50天开始，市委书记李鸿忠同志率市委市政府主要和分管领导每10天听取一次筹备工作汇报，倒计时30天开始每5天听取一次汇报，倒计时10天开始市领导每天和组委会的同志们共同工作，极大地鼓舞了工作人员的士气和干劲，为我们全运会的成功举办提供了坚强的组织号召。

第三是科学谋篇布局，强化顶层设计，建立制度体系。在全运会的筹办过程中，我们共召开450余次协调会议，形成制度性文件150件，保证了用制度管好筹备工作，最近我们的审计工作已经圆满结束。

下面将分享举办第十三届全运会对天津城市发展的影响和作用。第一是提升城市综合影响力，通过举办全运会，天津的市容市貌、基础设施建设都得到了极大的提升改造，带动了天津综合服务能力的提升，为我们天津举办好达沃斯论坛、世界智能大会等大型的国际性会议和体育赛事创造了良好的条件。同时，全运会还推动了天津竞赛表演市场的日趋活跃，满足了市民对高水平赛事的观赛需求，像天津的国际马拉松、WTA网球天津公开赛、ITF国际女子网球巡回赛等等这些国际赛事已经成为天津的品牌赛事。泰达足球、荣钢男篮、渤海银行女排等职业俱乐部的发展态势良好，商业化的运作理念逐步升级，职业俱乐部的市场影响力也稳步提升。

第二是直接促进城市经济效益增长。在拉动城市经济增长方面，举办全运会加大了基础设施和场馆建设的力度。举办全运会还繁荣了劳动力市场，提升了消费者的信心指数，同时促进了餐饮、酒店、娱乐、广告等服务行业的发展。门票也成为一个很大的收入，第十三届全运会门票收入是3870万元，赞助总收入是7.78亿元，应该说实现了全运会历史上一个新的突破。2015年来天津市设立的体育产业引导资金，共扶持了70余个体育产业项目，支出了1.67亿元，但是回报了33亿元，促进了产业的发展。据统计，2017年天津市居民人均体育消费是1364元，高于全国平均的1100元。

第三是推动城市体育的发展，大型赛事的余热给居民带来了更高的健身热情，社区体育得到了飞速的发展，我们在全市发行了50000张体育惠民卡，让体育彩票公益金给予补贴，现在跟我们签约的单位是124家，提供了乒乓球、羽毛球、网球、跆拳道、击剑、冰雪等30多个体育项目的健身和培训服务。2018年6月到9月在全市范围内举行了第14届市运会，每四年一届，设52个大项1567个小项，是我们天津历史上从来没有过的，这就是全运会带来的效应。为了调动场馆开门为群众服务，我们在1865个团泊体育训练基地举办了"爱祖国爱天津爱体育"三爱青少年体育研学游，每天有900多名小学生到我们体育训练基地去感受体育、亲近体育，参加体育兴趣游，一时间掀起了一个高潮。另外我们积极地利用了后全运时代的场馆优势，让更多的群众走进场馆，实施低价或免费开放，而且在寒暑假里全部对中小学生开放，所以这样看全运会对群众的健身有一个很强的带动作用，它进一步增强了群众崇尚体育的文化意识，参与体育的积极性大幅度提升。

最后一条是全运会对城市发展的驱动。首先是举办全运会给天津留下了宝贵的精神财富，鸿忠同志在第十三届全运会总结会上说，通过承办全运会天津创造了宝贵的精神财富，形成了珍贵的全运精神，我们还有天津女排精神。关于全运精神，市委的总结是这样的：报党报国的忠诚精神，勇于突破、精进有为的创新精神，精益求精、止于至善的工匠精神，不怕牺牲、苦干实干的奉献精神。国家体育总局李永川副局长在总结会上说，天津市委市政府以强烈的政治责任感和历史使命感，高度重视、周密部署，在党的十九大召开前办好了这届全运会。实现了场馆设施一流、竞赛组织一流、全运村一流、接待服务一流、新闻宣传一流、安全保卫一流六个一流的办赛目标。这将是全运会留给天津的一笔巨大的精神财富，为贯彻总书记视察天津提出的"三个着力"的重要指示精神和五个现代化建设提供了强大的精神动力。

其次是高标准把握天津发展的目标定位。天津是环渤海经济区的中心城市之一，是京津冀协同发展的重要环节，是我国科教文化和商业繁荣的城市之一，也是体育历史文化名城，具有智慧城市、商业城市、人文城市的发展脉络。天津在举办十三运的基础上，群众参与体育的热情空前高涨，市体育局因势利导、乘势而上，又举办了市运会、全国武术大会、第一届全国青少年智力运动大赛和亚俱杯女排比赛等一系列大型赛事，打造了体育文化的名片，实现了精神文明城市的跨越。在后全运时代，利用好全运会带来的精神动力，加快城市转型升级的步伐，建设五个现代化的新天津，打造生态宜居、人文时尚的国际大都市，我觉得我们全运会都做出了贡献。

第三是倍加珍惜举办全运会这一特殊的政治荣誉和政治资源，党中央、国务院对我们办好全运会十分关心，我们要把这种关怀作为强大的政治动力、思想动力、事业动力，坚决做好天津各项事业的发展，让党中央放心。转化为政治动力就是要增强四个意识，坚定四个自信，做到两个维护。转化为思想动力就是要进一步用总书记对体育的指示来发展以人民为中心的体育，使中国特色的体育事业、产业在我们天津得到快速的发展。转化为事业动力就是落实总书记提出的三个着力的重要要求，把京津冀协同发展国家战略、发展冰雪运动、发展全民健身国家战略落实好，为建设健康中国、健康天津做出我们的贡献。

第四就是用好全运成果，推动全市各个方面的工作。比如说我们要用好全运精神这一法宝，以更高昂的斗志、更饱满的热情、更良好的状态来推进天津各项事业的发展。用好城市场馆建设的硬成果，用好接待服务和城市文明的软成果，让天津形象人人有份，激励人民群众爱天津、维护天津、以天津为荣的乡情，身体力行，文明规范，争做美其表、美其心、美其行、美其神、美其言的天津人，争当展示美丽天津形象的大使。

第五我们要以永远在路上的决心深化全运惠民。全运惠民工程是我们天津提出来的，4年来成果非常明显，实现了全民健身设施村村全覆盖、社区全覆盖，而且我们建设了100多个体育公园，百姓就公共体育服务给我们民调的打分排在第一名。我们要巩固这样的成果，一如既往地发展好以人民为中心的体育。

综上所述，把第十三届全运会的经验和体会同大家分享，为的是全国的体育人一起高度重视大型综合性运动会给城市发展带来的促进作用，让我们体育人在地区经济社会发展中做出巨大的贡献。最后预祝我们二青会取得圆满成功，让我们全国的体育人为实现中华民族伟大复兴的中国梦贡献我们的力量。

《体育与城市发展高层论坛对话》报告

论坛分两个阶段,第一阶段主题为"体育与城市经济的发展",第二阶段主题是"体育与城市文化发展"。

第一阶段——体育与城市经济的发展

体育与经济有着良性的互动关系。信息时代带来劳动结构的巨大变化:从体力劳动彻底转向脑力劳动,也因此产生了大量"运动不足"引起的文明病,这使人民的日常生活第一次与体育如此紧密相连,成为其生活的一部分,体育产业也相应成为经济的一部分。在体育产业的壮大过程中势必受到资源的分配、产业结构调整等因素的影响;同时,体育对提高劳动者素质,建设企业文化和形成经济实力有重要的作用。如何利用二青会的契机,结合太原城市的特点,理顺体育与经济的关系,实现二者在发展中的双赢?带着问题组织"体育与城市经济发展"圆桌论坛,论坛由山西大学公共体育学院院长石岩教授主持,太原市社科联党组书记王耀武、杭州师范大学体育学院教授凌平、太原市体育局局长高波、山西省体育职业技术学院院长何洋参与。

石岩:各位专家上午好,今天论坛的主题是"体育与城市经济发展"。首先介绍今天的 4 位嘉宾:依次是杭州师范大学凌平教授、太原体育局局长高波先生、太原市社科联王耀武书记、山西体育职业技术学院何洋教授。由于时间关系,每位教授发言的时间是 5 分钟,希望能留给第二个论坛更多的时间。下面我们就正式开始,首先有请凌平教授发言。

凌平：非常高兴能来参加这次论坛，最近一段时间我正在做杭州亚运会的遗产战略，两天后将去北京参与2022年冬奥会的相关准备工作。实际上，从2015年奥林匹克委员会提出2020年奥运宪章，以及2017年提出奥林匹克遗产方案之后，北京奥组委就在思考：奥运会包括亚运会能够给未来的城市和地区带来什么？

国际奥委会的遗产方案概括了7个方面39个领域。2019年2月19日，北京奥组委、冬奥组委也提出了北京奥运会的遗产方案，包含7个方面35大领域，涉及未来城市的经济、社会、科技、文化、教育和体育本身，包括城市发展。其实我们回顾一下奥运会，比如说1984年，洛杉矶奥运会最显著的特点，洛杉矶奥运会拯救了奥运会，洛杉矶奥运会大量使用高校体育场馆，只新建了3个体育场馆，而且其中两个是临时的。洛杉矶奥运会全面推进了商业化和市场化，洛杉矶玫瑰碗体育场成为洛杉矶的标志。同样，汉城奥运会把第五个五年计划和第六个五年计划融入韩国的发展当中。把1986年的亚运会和1988年的奥运会的人才聚集使用，使汉城奥运会经济增长达到了11.6%。同样，汉城奥运会有一个特别大的特点：东亚的一个偏远岛国竟成了世界关注的中心。1992年的巴塞罗那奥运会，是一个城市转型升级的典范，投资93亿美金，70%用来城市改造、城市建设。在后奥运会期间巴塞罗那从欧洲排名第九的城市上升到欧洲排名第五的城市。1996年的亚特兰大奥运会，事先就把主赛场设计好，拆除之后成了棒球场。亚特兰大奥运会采取了1984年洛杉矶奥运会的商业模式，第一次使用了电眼，科技当中的核心，从而把亚特兰大打造为体育赛场的中心。2000年悉尼奥运会的举办地是最绿色、最干净的城市，大量地使用体育馆，在奥运会之后，形成了巨大的游客市场。还有希腊雅典奥运会，最大的特点就是提前10年完成雅典的交通体系建设，当然，雅典的负债率还是很高的。2008年北京奥运会，应该是中国和平崛起的典范，鸟巢和水立方成为北京奥运会的重要标志。2012年伦敦奥运会提倡的是激励年轻人，以及场馆的有效使用和赛后的复合利用。2016年的里约奥运会,是最节俭奥运会的经典版,用最小的投入产生最大的效益。所以我想在未来的大型赛事当中,一定要有一些所谓的标志性遗产,要有一些标志性的指标,我们要把这些标志性的遗产和标志性的指标,作为未来城市发展的一个重要的方面,推动城市经济、文化、社会、科学、技术在未来城市发展当中发挥巨大的作用。

石岩:感谢凌平教授,实际上,凌平教授还有一个特殊的身份,是世界休闲组织执委、常务理事,这么多年,一直致力于休闲体育在中国的发展,致力于中国的休闲体育和世界的交流,有请高波教授发言。

高波:各位领导,各位专家,如果说为体育插上文化的翅膀,我想体育会发展得更高、更远,但是从另一个角度想,如果为体育安上经济的车轮,体育会发展得更稳、更持久,所以,经济产业对体育的作用十分重要。其中,作为赛事这样重要的载体,对体育的发展,对体育产业、体育经济的发展至关重要。近几年,太原市着力打造了太原国际马拉松赛、龙城龙舟赛,现在正在致力于国际公路自行车赛。这样一些赛事,就是要提高城市的知名度,营造良好的环境,从而使更多的人来太原,投身体育产业,壮大体育经济。从这些事件当中我有几点认识:第一,我认为体育赛事更加专业化,专业的事要由专业的人来做,体育产业、体育经济,需要企业来做,需要企业家在这个舞台上大显身手,需要更多地培养、挖掘体育经济的专业技术人员从事体育赛事,而不能靠政府包办。所以体育赛事的专业人员多了,专业水平提高了,我们的赛事作用将更加宏大。第二,在赛事的发展中,一定要有一个长远的战略。太原国际马拉松赛经过10年的打造,成了黄金国际马拉松赛事,最深刻的体会就是要常抓不懈,要有一个战略思考,避免乱纪行为。第三,政府在赛事的培育过程中,如何起到一个孵化的作用?政府主导是要主导政策明确,把扶持产业、扶持赛事的政策明确下来,而且持久地坚持下去,相对赛事的发展,就会起到积极的作用。否则的话,由于一些政府官员的更替,对赛事的重视程度、喜好不同随意调整政策,那么这个赛事就不会发展壮大。第四个体会是赛事是一个综合体，应该实现多方融合，要实现文化融合、旅游融合和养老休闲的融合，这样才能将赛事打造成一个完备的综合体。就像我们现在承办的国际公路自行车赛，我们这次是山西省体育局、政府共同打造，国际自行车周把体育与电影、博览会通通地打造起来，形成一个综合体，使它的作用放大，使它的效果明显，使它的影响更为持久，我就谈这么一些体会，谢谢大家。

石岩：刚才高局长谈得非常好，让我想起来一个后发优势，虽然我们山西办综合性的赛事比较少，但是我们可以汲取前人的一些经验和教训，我们办得晚有办得晚的好，也祝贺二青会能够成功举办。下面有请王书记来讲讲。

王耀武：首先，非常荣幸能听赵局长和高局长的报告，我曾经是山西大学体育部部长，也是一个长跑运动员，所以谈研究谈不上，当年一直在办文化体育，不涉及文化产业，谈一下我两方面的感受吧！为什么二青会选择我们太原？二青会会为太原带来什么？

实际上，从历史的长河讲就是时空关系，一个时间，一个空间。时间呢，从公元前497年的晋阳城，到现在一共2561年，刚刚文化局局长搞旅游推荐，5000年文明史，2500年建城史，从这么长的历史来看，太原一直是兵家必争之地。有国家体育总局政策的支持，一代一代的老祖宗给了我们历史的支撑。奥林匹斯山能孕育奥林匹克精神，是不是太行山也有这么一个作用？我这算是抛砖引玉，要请教后面的专家。

第二个方面是讲今天的主题，二青会与城市的经济发展，这个我很惭愧，我没有更好地研究和调研。2016年的时候，我在市委负责文化产业的时候，文化产业大概是100多亿吧！5个大类，120多个小项，其中，体育是微不足道的。我当时调研的10个县的文化产业里面，只有在杏花岭区东山上有一家企业生产的旱地滑雪设备还不错，给北京和天津这边供了很多货，80%是出口的。一方面是出口打开了国际市场，但反过来说，在国内和省内应用的不多。太原市的体育产业，起步较晚，或者说是我们的产业潜力巨大，发展空间更大，刚刚石岩教授也讲到，我们是后发优势。所以从这个方面来讲，我想从三个方面谈谈二青会能够留下什么？一个是短期效益与长期效益的关系，第二个是直接效益与间接效益的关系，第三个是经济效益和综合效益的关系。我没有做更多的研究和思考，短期嘛，我们在动员的时候讲有5万多运动员，每人带动5人或10人，那有几十万人，就差不多有接近于太原市常住人口1/10的外来人口集聚到太原，餐饮服务、交通、公共服务等短期内会得到一个进步式的发展。同时，对太原市的服务设施、安保都会在短期内产生大的促进。所以在这个里面来说的话，短期和长期来看的话，更注重的是长期，长期效益来看的话，对城市产业的支持和支撑等方面都有影响。时间关系我不便展开说。第二个方面是直接效益和间接效益。也有这么几个方面，我觉得更多的是间接效益，直接效益大多是卖点器材，或者说是餐饮、住宿、旅游。为什么我们的姚局长来了，肯定是希望我们的旅游大丰收，文化旅游局刚刚合并，今年的旅游增加值，应该是一个没有统计加值的增长，因为明年后年很难像今年，这么强烈的带动，今年就是一个客观的因素，没有具体统计，但是肯定会非常高。这就是一个直接的效益，但是间接的效益应该是更看重的。比方说，国际影响，我说的不是国内影响，因为中国是大国，中国的一举一动都会牵动全世界人的眼光，这个也不用我解释。第二个，除了国际影响以外呢就是人文精神，或者说文化自信，增强我们的文化自信，提升我们的人文情怀，这是一个最强有力的支撑。我倒是认为，除了国际影响、人文精神之外，要有一个开放的意识。开放精神是体育带给我们最大的精神财富。最后，第三个方面是我们的经济效益和综合效益，大概也是三个方面，经济效益、文化效益、社会效益，实际上，社会效益作为综合效益的话，涵盖了各个方面，给我的时间也差不多了，我就汇报这几个方面。

石岩：感谢王书记，讲得十分全面，但是由于时间的关系，有些东西不能展开，其实我觉得目前我国的体育产业，是一个朝阳产业，迟早有一天，我们的体育产业会成为支柱产业。所以我期待着我们大家共同努力，使体育产业成为国民产业中的一个支柱产业，到时候我们体育人也好、体育产业也好，能够为国家做出更大的贡献。最后，有请何洋院长来说两句。

何洋：我简单说几句吧！很荣幸参加这个论坛，体育赛事在国际上来说是作为事件管理，一门专门的学科，事件管理对一个国家和地区经济社会的发展影响巨大，可以和会展经济齐驱，各个地方都在研究。今天我参加这个会议，因为我是从学校来的。作为一个高校，特别是一个高职院校，它的职能有四个，第一是人才培养，第二是科学研究，第三是服务社会，第四是文化引领，尤其对于高职院校，服务社会的作用是非常大的。教育部出台很多管理办法，促进高校服务社会能力的提升，实际上，我在基层学校里发现，服务社会的能力非常弱，社会影响也非常低。通过积极参加二青会的申办和筹办，服务社会的能力上有了很大的提高，第一个就是我们在参赛办赛上，有了很大的突破，我们学院大量的老师参与到了二青会的组织工作中，这是锻炼我们组织队伍的一个重要的领域。大家知道，体育产业有两大重要的领域，第一个领域是赛事，第二个领域是健身，我们可能对健身这一领域比较重视，但是，在参赛办赛这一块来说，我们是比较弱的，但通过二青会把我们这个队伍发展起来。第二个就是志愿者队伍，各个学校大量的学生都参与到了志愿者队伍当中，对学院的整个建设，对学校精神文明建设的提高有非常大的帮助。第三个的话，我想的是我们的队伍的建设，特别是后备人才队伍的建设。原来我们在竞技体育这一块只是一两个队伍强一点，通过二青会，我们已经有了五六支队伍，全方位地参加了二青会。这样，我想通过一个重大的体育赛事，能够推动一个学院的发展，我们学院只是全国 2500 个高校学院之一，但是我们这样的学院如果能够积极地投入到社会的发展当中去，对强国来说也是一个很好的说明。谢谢，我就讲到这里。

第二阶段——体育与城市文化发展

二青会代表中国的体育文化，太原代表山西的地域文化，两种文化的交织结合，必定会产生太原特色的体育文化或者是体育特色的太原文化，前者是太原对体育文化的继承与发扬，后者是体育对太原的宣传与塑造。太原文化如何因势而造、趁势而起，这需要寻求二青会体育文化与太原城市文化之间的结合点，我们如何发现它们的结合点，并进行文化的创造性发展。在"体育与城市文化发展"中可以看到专家和领导的不同观点。论坛由首都体育学院教授李相如主持，山西财经大学党委书记、教授常乃军，太原市副市长王爱琴，福州市体育局局长张涵，成都体育学院教授王宏江参与。

李相如：非常感谢山西大学体育学院提供这么好的平台，上次的主旨报告和第一次的圆桌论坛很成功，学术味道也很浓，既高端又接地气，是学术和应用的真实反应的盛宴。其实体育与城市文化发展，从体育进入大型体育赛事那一天开始就一直存在，我们大概想一下，奥运会到现在举办了31届、全运会举办了13届，其实31届奥运会真正给人们留下的文化痕迹并不是太多。所以我觉得我们二青会还没有举办就思考到后二青会，具有前瞻性，非常好。今天也非常高兴请到4位重量级的嘉宾：王宏江教授，成都体育学院兼天府国际体育赛事研究院副院长；山西财经大学党委书记常乃军教授；特别高兴的是今天我们太原市的王爱琴市长也来参加论坛；还有来自一青会主办地的体育局局长，福建体育局局长张涵。

我们按照体育与城市文化发展这么一个主题，请四位嘉宾讲讲，其实这个话题挺有说法的，但是时间有限我们简洁地把我们的东西说一下。我想请王宏江教授就一个赛事对城市的经济发展，对一个城市的消费，对城市举办赛事之后能留下的文化底蕴和文化的记忆，谈谈你的看法。

王宏江：感谢主持人也感谢组委会给我这个机会学习交流。我来自成都体育学院天府国际体育赛事研究院，这个研究院是2019年应国家的需求以及四川省建设体育强省应运而生的机构。刚才聆听了赵局长的主旨报告以及各位专家的报告，给我很多的启发。回应主持人的要求我想举一个例子，2019年很荣幸去美国做了一个考察，也形成一个文字思考，我觉得这个例子恰恰是和我们太原十分接近的。美国的印第安纳波利斯市在20世纪60年代是一个工业城市，但是面临美国联邦税收和自己的局部发展困境，原来这个城市唯一具有的赛事资源就是印第500赛道，形象的比喻是在玉米田里搞的赛事，但是随着比赛的开展这个城市发生很多变化。到了70年代，他们下定决心要做主题体育文化促进城市转型的典型。这个已经是被国际公认的赛事，公认的成功案例。它有哪些成功的经验呢？第一，70年代引进橄榄球赛事，把在巴尔的摩的小马队迁入印第安纳波利斯；第二，80年代继续推进NBA，大家都熟知的印第安纳步行者队；第三，2006—2007年成功举办F1赛事，这些赛事承办使他们打造了四种文化。我想我们在建设山西体育文化中应该有所思考。第一个就是如何使赛事文化和球队文化结合，大家知道体育核心的东西，就是有没有核心的球员、核心的俱乐部，俱乐部影响力当中有核心的明星效应。球员文化、球队文化，继而形成持续的赛事文化，衍生产生体育的健康文化和文娱文化。我们自己在建设成都国际体育赛事当中也反复思考，怎么借鉴上海模式、北京模式，我们在办赛过程中一定要有长远的定位。目标定位不是在这一次的二青会举办，而是刚才提到的后二青时代，准确定位，找准目标。同时，文化发展必须要有稳定性。体育文化的形成不是一天形成的，而是要有持续的投入。最基本的我也认同老师提到的"教育是关键，全民参与是基础，基础设施的完备是保障，文化传播促进人们的认同，这是一个根本"。形成这些以后，我想对于我们思考体育与城市的发展，体育文化促进城市的发展，就会有良好的促进作用。我就简单地讲这些，供大家批评指正。

李相如：好，谢谢，谢谢王宏江教授。下面有请常乃军书记为我们讲讲,因为常书记他可真是从大学的体育学院的院长,到综合性学校校长,现在又到我们山西财经大学当党委书记,其实大学不仅是传授知识、传授科技,一所大学对一个城市的文化建设也起着至关重要的作用。可以请常书记就这些话题,谈谈你的看法。

常乃军:谢谢主持人,后二青时代的城市文化发展,刚刚主持人讲这个题目,这个题目确实有很多的思考,这个话题又是大众普遍关注的一个课题。实际上,一个大型的赛事,留下的遗产,不是别的,最主要的是文化遗产。体育实际上是与城市的发展紧密结合的,城市发展推动现代体育发展,体育发展又反过来促进城市发展。这是相互的作用,前面几个专家已经提到了城市文化与经济的关系。那么体育的发展到底和城市文化的发展有什么关系?我想一个大型的赛事之后,实现的是三个转变,首先是由赛事文化向非赛事文化的转变。我们现在所进行的大型活动,一开始就是一个战时状态。战时状态向平时状态转变,从文化的角度来讲就是赛事文化向非赛事文化转变,文化的推动是由政府推动向市场推动的转变,这是第二个转变。第三个转变,从显性状态向非显性状态,或者说是运行状态的转变,我们看一个大型的开幕式,轰轰烈烈,非常激情,但运动会之后是关于文化的探讨。这三个转变,就促使我们思考二青会之后文化的可持续性。二青会之后对举办城市文化的发展具有很多的作用。首先,我觉得是文化的符号,一个城市的文化符号更鲜亮、更有特色。现在我们讲城市的文化讲的是历史文化遗产,有什么文化古迹呀,有哪些纪念币,有什么传统的非物质文化遗产。体育赛事举办过之后,我们就知道,它的文化符号里就加了体育的特色。这样,文化的符号就更鲜亮了。我们说北京,北京是奥运会的举办地,我们说天津,天津是全运会的举办地,实际上都是使城市的文化符号更鲜亮。那么我们二青会举办之后,太原有一个更鲜亮的符号,就是二青会——全国青年运动会符号。第二,就是城市的文化竞争力更强。实际上,谈一个城市的竞争力,文化的竞争力不可小觑,有许多方面都是和它有关系的。第三,二青会之后我们的文化引领作用凸显。二青会主要是竞技体育，实际上，它带来的文化效益不仅仅是体育文化，它包括休闲文化、文化产业发展等一系列问题。同时，二青会之后还会给我们的城市带来很大的变化，我自己感觉对文明城市的社会规范是一个很好的引领。为什么呢？二青会举办之前，行人不和汽车抢道，文明交通、文明出行，二青会之后，这种文明的行为会延续，社会规范会延续。二青会结束以后所拥有的品牌意识、竞赛的组织，比如公安、消防等各个方面的配合，形成了城市的运营能力，为我们以后的文化活动提供了借鉴。本届青运会比奥运会、全运会规模大三四倍，如果我们举办了这样的运动会，我们山西省太原市再举办类似的大型运动会，将不会再发愁，一切都可以应对，这就是文化的软实力。而这种软实力不是我们平时一个比赛能形成的，而是通过大型的赛事才能够形成，所以我讲大型的赛事对城市文化的渗透是非常非常大的，包括我们的文化产业的问题，物流、人流、信息流、人才流等等，都在这儿聚集，而聚集的结果是人力资源的大规模形成，对一个城市的发展是非常有好处的。这样一个大型的赛事，对山西省来讲，对太原市来讲，意义重大、价值无限，我就讲这么多。

李相如：谢谢，常书记讲得非常好，让我想起顾拜旦的一句话，体育是市民最好的教育方法。在常书记讲的时候，我就在想，二青会结束之后给我们山西省太原市留下的是文化遗产，需要通过更多的青年人来传承。下面我们有请王市长讲一下。我没有想到二青会有这么大的规模，四倍奥运会，三倍全运会，首次在太原市举办，必然对我们太原产生方方面面的影响。一个大型的赛事留给青少年最重要的是一个文化和教育作用，所以我想请您来讲一讲。

王爱琴：非常感谢主持人，感谢我们的嘉宾，作为这场会议的主办方和直接的受益者，我们不离开太原，就能够听到各地的教授、专家对我们的指导。我更多的是在政府工作，是一个具体事物的组织者、推动者和实施者。但是我非常喜欢这种场合，因为大家讲的都是我想听的话。从理论层面我不一定比你们高深，但是这么多年，从工作的推进中间，是有体会的，我非常认同上海体育学院肖教授讲体育是载体，教育是核心。我们现在搞体育和经济、体育和文化，体育和文化有非常高的相关性，我们赛事的传播、赛事的推广，要借助文化的力量，也要借助文化的形象。同时呢，体育赛事会对我们的文化形象的宣传形成推动。在教育方面我深有体会，我讲讲我的感受。我2012年开始管理体育，首先接触的是马拉松的第三届，第三届马拉松的路线该怎么走？当时，国家体育总局段副局长分管这块，他提出，马拉松的赛事不应该在没有人的路上跑，我们是要宣传城市的，我们需要展示城市的标志性建筑，包括城市人的精气神儿、面貌，应该从繁华的主街道上跑。但是这个方案提出来之后，市长签了，书记也签了，公安局给否了，如果从五一广场走的话，会经过各个要道，并州路、解放路、新建路等市中心的街道。但是，这件事国家体育总局建议，我们要执行，我们怎么能把一个马拉松赛事的效益发挥到最好。我做的第一件事就是和公安部门沟通，我把分管的副局长和治安支队的队长叫到我的办公室，我们要探讨治安和公安是干什么的，公安在政府决策中间是个什么角色。经过斗智斗勇，最终公安同意：你们怎么定下来，我们就怎么做。结果后来因为并州饭店要改造，拍摄的效果不好，从煤炭交易中心跑滨河东西路。2015年，我们一开始是要邀请人过来参加的，邀请一些嘉宾、选手来，报销路费。但到了2016年以后，我们比较成熟了，也开始抽签中签。安保队长提建议说，我们不要什么中签，我们让他们都来参加比赛。现在中签的人数是3万多人，但是如果人来得多的话，保障就有点困难。但是他们说："领导，我们不怕人多，我们就要人来太原，我们的安保不怕有压力。"我非常感动。另外，环卫工人每年马拉松之前要看灌木有没有倒掉的，有没有干枯的。我们一般会在下午看一遍跑道。这里有个小事情，我们有一回举办的时候，刚给他们讲完注意事项，要散了，他们说："领导你先走，我们坐上车再去看看，刚才有辆大车经过，怕有土掉落，摄像机拍出来不好看。"听常书记讲后，我对二青会的认知又提升了，太原承担了70%的任务，我们干得很带劲儿，我觉得这就是体育的教育功能。从文化的角度来讲，一个有品质的体育赛事，离不开文化的内涵。包括这一次，我们搞国际自行车赛、搞城市高峰论坛、搞电影展，我们就是不想把它办成一个简单的赛事活动，而是让它更丰富、更有内涵，这就是让大家了解太原的内涵。但是我们要走的路还很长，太原作为一个具有2500年历史的文化名城，我们还有很多工作要做，但是我们有信心。有大家的支持，有大家的帮助，给我们出主意，我觉得我们有信心做得更好。

李相如：王市长讲述了文化对城市包括市民的影响，那么一个体育活动，尤其是大型的体育赛事，可能在准备、筹建、发展过程当中是一个无形的形象，我觉得讲得非常好。下面我们继续邀请一青会主办地福州的体育局局长张涵，是第一个接受青运会，也是第一个吃螃蟹的人，他们有很多的经验可以分享给我们二青会，好，有请张局长。

张涵：各位专家，各位领导，非常荣幸受山西体育局的邀请来参加高峰论坛，参加后二青会话题的论坛。听我们许多专家学者和行政人员说了非常多的、有见地的观点，我也是过来学习的。福建承办了第一届，我们是2015年做的，4年很快就过去了，到了太原，我又感受到了浓浓的办赛氛围，浓浓的运动会带来的赛前宣传。福州和太原是非常相近的城市，我们是一个温暖临海的开放城市，许多同志可能对厦门的了解更多。甚至有很多人说，福建的省会是厦门市，给福州的压力很大，打击也很大，所以在2009年的时候，提出来要承办综合性的运动会。那个时候还是叫城市运动会，当时我们省里面也非常支持福州来承办这个运动会，当时，福州申办的条件是差距比较大的，我们当时是和杭州竞争的，杭州市的城市容量大、体量大、知名度高，城市的条件也具备，但是我们做好了各方面的努力。后来承办了城市运动会，在2014年改名为第一届青年运动会。从申办走过来，一路都非常的不容易，2012年申办成功以后，福州市开始谋划成立组委会，我从一个区域的分管副局长，专职脱产参与到整个青运会的工作中，从2012年一直做到2016年7月机构撤销为止，全程我都经历了。所以于青运会而言，我不仅是一个参与者，也是一个受益者，所以今天到这里，我也体会比较多，我就想简单地就整个筹办过程及举办后续几年的成果做一个汇报。青运会结束以后，我的最后一个岗位是到福州市体育局当局长，在筹办的时候，我还不是一个体育局局长，准确地说我不是一个体育人，我是作为组委会的一个主要的管理者，是一个参与的过程。但是后来作为体育局局长，所以我最有发言权，对体育的体会是从不懂到了解再到参与，是这么一个过程。青运会在办完之后的4年内，对福州城市知名度的提升发挥了很大作用，福州市从一个不知名的城市一跃成为一个比较有影响力的城市。我们通过办综合性的运动会，城市的承载能力有了大幅度的提升，我记得我刚到青运会筹备办公室的时候，当时整个城市的旅游宾馆接待能力只有1万人左右，到我们青运会快开办的时候有3万多的床位，青运会结束的4年之内，到现在有18万多的床位。一个城市空间容量的提升，是非常重要的，原来我们没有做这个工作的时候，没有体会到体育对城市的影响力，对城市居民的影响力，通过一场综合性的运动会，我们的城市面貌发生了翻天覆地的变化，不管是酒店接待还是交通、餐饮、道路、场馆、展馆。在青运会之前，我们还分别于2015年、2016年举办过国际的展览会，大大提升了城市的承载能力。刚刚闭幕的中国数字年会，福州作为一个永久的举办地，正是基于青运会之后才把这些所有的能力都提升了。第二个方面是体育的理念深入人心，在筹办青运会初期的时候，需要各个部门的干部、各个部门的领导来配合工作。绝大部分的干部和老百姓对体育的了解是非常少的，大部分的人不知道体育是怎么回事。但是我们通过全民的参与，全市干部的参与，加强了对体育的了解、理解和支持，有效地推动了全民健身的开展。

李相如：谢谢局长，因为他们是第一届青运会，一路走过来，他从一个不是体育人办体育变成一个体育人，变成一个体育领导，他讲的东西非常的实际。由于时间有限，那我就做一下总结。我刚才说奥运会做了31届，其实我们回过头来一想，真正我们能够记得起名字的那些城市，都有鲜明的特点。第一，我们能不能让更多的大学生参与进来宣传二青会、宣传体育的精神，使二青会的种子，在每个青少年和儿童的心中生长开花，因为他们是这个城市未来最宝贵的资源。第二个建议，我们能不能打造具有山西太原本土特色的文化品牌，山西是一个文化大省。在二青会期间，我们能不能写一首二青会的歌曲。让谁来写，让我们的大学生来写，让我们的中学生来写，我们可以进行选择，哪怕选不上，也是一个宣传。第三个建议，我们要把二青会这种文化精神，通过二青会之前、二青会之中、二青会之后的经典故事，打造成山西的文化名片。

赵晓春： 今天真的感受非常深。今天这个"后二青会时代的体育与城市发展"实际上我觉得也是贯穿了一条我们要把二青会变成一个有文化的运动会的这样一个理念，经济只不过是文化的某一种形态，最根基的最本质的东西是文化，所以我们特别感谢肖教授，我觉得是一个哲学层面上的一个启发，对我们如何思考新时代体育和人的关系具有十分深刻的启发意义。我们也特别感谢林教授，我刚才已经跟林教授讲了，山西正要做冰雪运动的发展规划，今天这是一个重要的收获，这个当然我们回去还要集体研究，我本人还不能完全说了算，但是我绝对要提出这样一个提议，请林教授来帮我们做山西省冰雪运动发展的规划，这件事对我们来讲非常重要。既是习近平总书记的要求，也是山西人民的期望，所以这件事非常重要。我们也特别感谢李局长，当然也包括张局长，实际上这是来自大型运动会后运动会时代最深切的东西，这是最真切的最直观的东西，这是我们感同身受的东西，这是前面三个发言，我觉得下面的两个圆桌论坛，都给了我深刻的启发。比如说我们常书记，理论水准很高，让我们从一个更高的层面上去领会，当然也包括王教授和林教授，希望我们有机会跟三位教授在体育的全局或者某一个层面上有更多的交流。山西体育我觉得可能跟许多其他地方一样，需要很多东西，比如说需要资金，需要领导的支持，需要机会，但是我觉得最缺的是理论思维。也感谢耀武书记，包括我们王市长和高局长,以及何院长,大家都从各自的层面上,谈了非常真切的感受。我们提出来"后二青会时代",其实我们想到这个词的时候,还不知道里头到底有什么,或者说应该有什么,我们现在脑子里清楚多了,所以我觉得今天所有的讨论,我们都不认为是完成了一件工作,而是开启了一扇大门。

第二个,确实也对我们二青会结束以后,怎么去发掘二青会各方面的文化遗产和其他方面的综合效益,提供了一些积极的思索,我觉得这可能是我们今天论坛最重要的一个收获。

大家都是千里迢迢赶到太原传经授道,我代表体育局,代表我们论坛的主办方,真诚地向大家表示谢意,希望大家能够常来山西,常来太原,来指导我们的工作,使我们的工作干得更清楚、更明白、更有成效。也感谢在座的所有的听众,我们都是想把二青会做好,把山西的体育做好,这就是我能给大家讲的。谢谢各位。

今天的会议议程就结束了,感谢所有到会的同志,无论专家学者还是我们的听众,谢谢大家。

论坛为我们山西后二青时代的发展提供了经验和参考,为充分挖掘二青会各方面的文化遗产和建设二青精神打开了思路。

全国青年运动会促进山西城市发展软实力的机制研究

成民铎

山西大学体育学院

城市是现代人类的重要栖息地，是持续发展的坚实基地，发展好城市就可以领先于未来。随着世界的发展和时代的更迭，发展城市的手段和栖息者对于城市的要求也越来越多。"软实力"作为一种现代政治、外交和国家关系的新思维方式、新价值系统，被各国所关注。随着全球化、信息化进程的快速发展，软实力建设已经成为影响和提升一个城市综合竞争力的核心要素，特别是对我国二三线城市来说，尤为重要。南非前总统曼德拉曾说过"体育可以改变世界"，同样体育也可以改变城市。中华人民共和国第二届青年运动会作为山西省首次承办的大型综合性赛事，无论是赛事项目，还是赛事规模都是空前的，是一次对山西省综合实力的大检阅，也是构建山西城市软实力的极好机遇。时值山西新转型共享新未来的战略发展时期，通过举办成功的二青会，将山西人的精神面貌和热情好客的民风充分展示出来，将承办二青会相关部门密切合作、鼎力支持的工作作风体现出来，将成功举办二青会的综合能力作为二青会的文化遗产保留下来，成为实现城市全面发展不可或缺的软实力。这也是举办二青会要实现的一个重要战略目标。

1. 城市软实力与城市发展

1.1 城市软实力的相关研究

哈佛大学教授约瑟夫·奈于20世纪90年代初,首创"软实力(SOFT POWER)"概念:软实力是一种能力,它能通过吸引力而非威逼或利诱达到目的,是一国综合实力中除传统的、基于军事和经济实力的硬实力之外的另一组成部分。在信息时代,软实力正变得比以往更为突出。

"城市"作为"区域"的一个典型代表,是评定国家实力的重要参考指标,是国家竞争力的体现。城市发展软实力,是指城市竞争中,建立在城市文化、政府服务、居民素质、形象传播等非物质要素之上的城市凝聚力、文化感召力、科教支持力、参与协调力等各种力量的综合实力。城市"软实力"依赖的是城市精神、城市形象、文化设施和机构、文化品牌等无形的软资源,通过其特有的"软资源"进行传播、辐射和渗透,使得外部的相关行为者受到作用和影响,通过吸引力获得理想结果的能力。这种"软实力"能够吸引城市外部的生产资源和消费需求,从而促进城市经济社会等的全面发展,提升城市发展品位,塑造城市形象,提高城市竞争力。城市软实力是城市社会经济和谐、健康、跨越式发展的有力支持。[1]它在很大程度上表现为市民的精神状态、意志品格、内在凝聚力以及城市文化的传播力、吸引力、影响力。从上述对城市软实力的定义中很容易发现城市软实力最为核心的是这个城市的社会凝聚力,城市的凝聚力通俗地讲就是城市各界对城市的向心力,是对城市文化、政府服务、居民素质、形象传播等非物质要素的认同感。城市软实力的构建应当以城市社会凝聚力的构建为核心,城市文化感召力、科教支持力以及参与协调力的凝练都将支持城市社

---

[1]周振华:《崛起中的全球城市——理论框架与中国模式研究》,上海人民出版社,2008,第3—5页。

会的凝聚力。

1.2 体育运动与城市软实力

体育已经成为城市文化的重要载体，体育运动自身的文化元素，不仅可以塑造居民个体强健的体魄和饱满的精神面貌，当参与体育运动的人群发展到一定规模后，体育就构成了城市软实力和城市竞争力的重要组成部分。城市软实力在很大程度上表现为市民的精神状态、意志品质和内在凝聚力。提升城市软实力，必须培养城市的凝聚力，发挥其导向作用。[1] 城市的文化形式是城市软实力的载体，城市社会凝聚力是城市软实力的核心要素。体育是城市文化的重要载体和表现形式，体育运动也是城市凝聚力的重要组成部分。凝聚力的形成是一个发展过程，更确切地说是一个培育过程，是一个潜文化和显文化的孕育过程。它将由城市亲和力向感染力推进，由较强的感染力形成凝聚力，城市凝聚力的作用不仅仅是抱团合力，更应该是对外部的吸引力，产生内聚外引的效能，将外部吸纳的新生力融合为本体，形成新的聚能效应。体育这一人类所创造的文化活动，以游戏的形式，以竞赛、竞争的方式，使参与者体验丰富多彩的社会价值。对于城市凝聚力的培育，体育有着不可替代的作用。

2. 体育赛事对城市软实力构建的贡献

2.1 体育赛事是城市软实力提升的有效路径

城市凝聚力是城市软实力的核心要素，城市文化品位、市民的精神形象是城市凝聚力和城市综合竞争力的重要构成因素。[2] 城市凝聚力

---

[1] 向回：《基于筹办冬奥会提升张家口城市软实力的思考》，《产业与科技论坛》2017年第16期。

[2] 汤立许：《城市体育对城市软实力的提升及路径选择研究》，《山东体育学院学报》2010年第4期。

的形成有阶段性，是一个进阶式的多力合成过程。首先是城市的亲和力，城市亲和力是长期居住在此的市民之间所表现出来的人际关系的和谐程度，只有亲和力达到一定程度或者具备了一定的人数规模才会提升为文化的感染力，这种感染力主要通过人们的精神面貌体现出来，是城市凝聚力的基础和土壤。但是仅此还不能形成城市的凝聚力，凝聚力的形成必须要有聚力点，如城市的声誉、城市的荣辱、城市的生存等市民共同关注的文化力点。体育赛事所具有的文化特性是现代社会中唤起人们民族自尊、地域自信，形成强势凝聚力的最佳选择。同时体育本身就是一种身体的教育，是劳动、军事训练的演变，同样也具有很强的仪式感。现代体育宣扬的"更高、更快、更强"和"更人文、更科技、更绿色"理念通过赛事传递给世人，无疑是一场教育。通过举办赛事宣传项目带动更多的人参加锻炼，体质好，人的精神面貌就出色，正像毛泽东同志所说的那样，"体者，载知识之车而寓道德之舍也"。通过体育赛事、体育锻炼，把积极向上的内容灌输给城市的居民，让他们更具备认真努力的工作精神和不畏困难的开拓精神。[1]

2.2 体育人口规模对城市软实力建设的影响

体育人口是经济和社会发展到一定阶段的人口现象和体育现象。体育人口是一项重要的社会体育指标，它反映了人们对体育的参与程度及亲和程度，它是经济和社会发展程度的一个重要标志，它是制定社会体育发展规划与进行体育发展战略研究的一个重要依据。[2] 本文将实质性体育人口（直接参与）和非实质性体育人口（间接参与）均视为体育人口的范畴。

---

[1] 赵鹏：《体育赛事对太原城市竞争力影响的研究》，《山西大学学报》2012年。
[2] 卢元稹：《体育社会学》（第二版），高等教育出版社，2006，第89—90页。

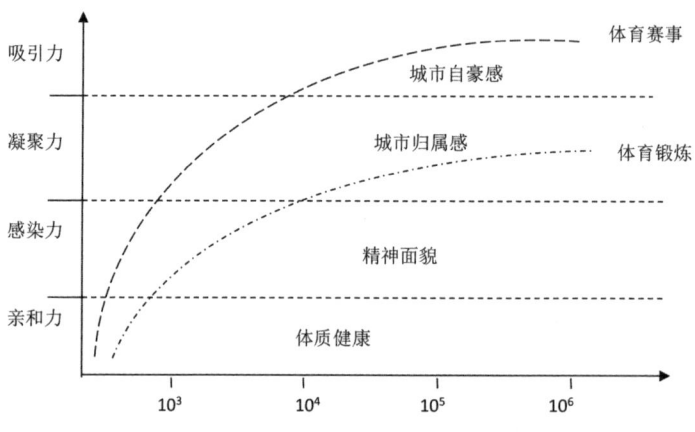

图 1 体育人口规模与城市软实力

图1是不同类型参与体育活动人口规模对城市软实力提升的影响模拟图。首先是体育锻炼人口，从体育活动的功能看，众多研究已经证明，参加体育锻炼的人群的第一动机（显在需求）是增强体质，外在表现为运动能力的提升。通过不断地参与体育活动，体育精神的内涵逐渐熔铸到城市居民的观念中，成为一种积极、健康、文明、理性的社会价值取向，[1] 这种群体性的精神面貌将会构成较强的感染力。体育赛事是以体育竞技为主题，一次性或不经常发生，且具有一定期限的集体性活动，属于特殊事件，体育竞赛活动具有聚集性、体验性、综合性和外部性等独特特征，[2] 活动中很容易激发起参与者的地域竞争性、归属感、荣辱感等，这些心理上的刺激有着极强的相互感染、相互交流、相互激发和情感泄导的功效。体育赛事有着独特的赛事精神文化，将会对举办地居民的思想观念进行改造、提升，同时体育赛事

---

[1] 李建国：《体育——让城市生活更加美好》，《广州体育学院学报》2008年第4期。
[2] 陆晨、黄海燕：《体育赛事与举办城市的形象契合》，《体育科研》2014年第3期。

为赛事举办地展示、挖掘当地文化提供了平台，[1]将两种文化融合在一起。当一个特定的体育赛事持续进行，参与赛事活动的人群不断增加，就会形成强大的城市凝聚力。这种凝聚力不仅增强了本市居民的归属感，同时对其他城市的居民有着强烈的吸引力，统合构建成为城市发展的软实力要素。

2.3 体育赛事对城市居民观念转变的影响

钟天朗等在调查大型体育赛事对上海市民观念的影响时发现：58%的被调查者认为，大赛对精神生活、陶冶情操的影响非常大；59%的被调查者认为，大赛对其城市自豪感的影响较大或者非常大；53%的被调查者认为，大赛的举办提升了市民的爱国精神。[2]太原国际马拉松赛事从2010年开始已经走过了8个年头，从最初的一般报备赛事发展到国际田径联合会认证的金标赛事，太原国际马拉松赛已经成为太原市一张响亮的城市名片。笔者对太原国际马拉松赛事的跟踪调查，如图2所示。比较2016、2017、2018三年的相关指标可以看到"改变人们对太原市的原有印象，太原形象得到提升""提升太原市民的自豪感和荣誉感，增强了城市凝聚力""马拉松赛事已经成为太原市品牌象征""国际马拉松已经成为太原市文化的组成部分""通过举办马拉松赛事，提高了城市知名度和影响力"等指标均逐年提升。与钟天朗等学者的研究结果一致。

---

[1] 武胜奇：《体育赛事文化对城市文化核心竞争力的影响及提升路径选择》，《天津体育学院学报》2009年第6期。

[2] 钟天朗、王荣朴、张林等：《上海国际体育大赛与城市文化发展互动关系研究》，《体育科学》2009年第6期。

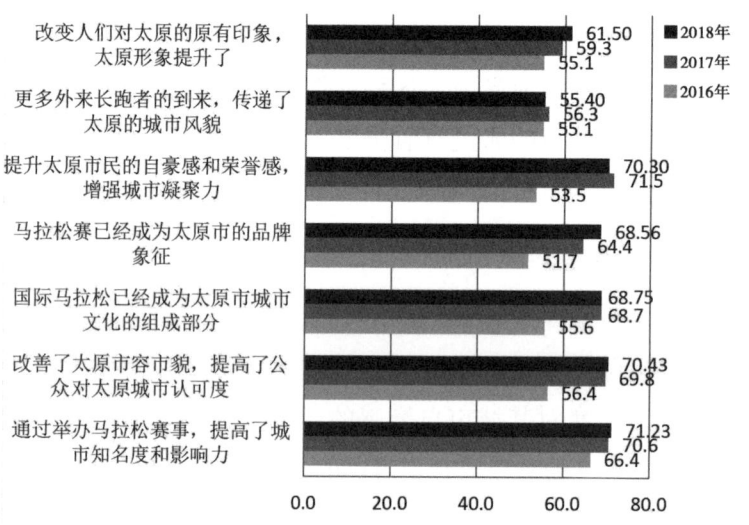

图 2 城市居民对太原国际马拉松赛的社会认知（%）

2.4 体育赛事对城市发展成功案例的启示

人是城市的动力资源，城市的振兴，首先是人的振兴，人的振兴其核心是精神的振兴。体育赛事以其独特的文化内涵赋予了一个城市现代感的人文活力、人文发展、人文气息、人文精神。[1]这种现代感文化与城市自身的文化相融合，形成城市文化的个性，具有很强的竞争力。日本茨城县鹿岛市借助体育赛事增强城市竞争力就是一个非常成功的案例。鹿岛市位于茨城县东南部，距首都东京约80公里，城市面积为93平方公里，相当于太原市迎泽区的大小，20世纪90年代是日本的工业区，原住民人口数1.6万人，工业区内人口为2万多，主要为青年员工。工业区与当地居民的文化不同，不时发生纠纷，同时由于街面店铺傍晚6点以后几乎全部关门歇业，园区内的员工生活极为单调。

---

[1] 武胜奇：《体育赛事文化对城市文化核心竞争力的影响及提升路径选择》，《天津体育学院学报》2009年第6期。

为了满足园区内员工的余暇生活，企业为前往东京度周末的人员报销交通和住宿费用已经成为一种福利制度。如何解决女性青年不愿来此工作、男性员工有机会就会离开、工业区与当地居民之间的矛盾日趋激烈等社会问题，已经成为鹿岛市政府最为重要的工作。针对占有城市人口70%以上的青年人，鹿岛市选择了足球这项世界第一运动来拯救鹿岛市。为此，他们做了大量的准备工作，引入了巴西当红球星济科，在全市范围内开展了与巴西足球相配套的球迷文化——桑巴舞的学习，政府拿出部分经费鼓励体育舞蹈教室免费向公众开放。30多年以来鹿岛鹿角队共捧得8次联赛冠军、6次联赛杯冠军、5次天皇杯冠军、6次日本超级杯冠军、1次亚冠冠军，是日本各项足球赛事中夺冠次数最多的俱乐部，[1]并因此闻名全国。走在鹿岛市的大街上，到处都有日本足球联盟的旗帜和鹿岛鹿角队的队旗飘扬，使鹿岛市充满了活力，彻底改变了过去人口只有输出没有输入的现象，城市的感召力极大增强。通过体育赛事使城市复苏，重新焕发新貌的还有许多，例如英国的曼彻斯特市将申办和举办各项体育赛事作为推动城市发展的重要战略，连续两次承办奥运会，并在2002年举办了英联邦运动会，这一战略被认为是提高城市吸引力、促进城市融合以及投资高端体育设施的有效举措。目前在曼彻斯特风靡的体育项目中，足球是曼彻斯特文化的重要组成部分，曼彻斯特联队是英国最高水平足球联赛英超联赛的参赛球队，常是英超联赛的冠军，素有"红魔"和"常胜军"的美誉，曼联已经成为曼彻斯特的代名词。

从上述案例可以看出体育赛事对一个二三线城市发展的战略地位和作用。山西作为一个正在转型发展中的地区，应该借鉴成功经验抓住本届二青会这一千载难逢的发展机遇，使得城市的硬实力和软实力得到同步提升。

---

[1] クラブ概要｜プロフィール｜鹿島アントラーズ オフィシャルサイト．鹿岛鹿角足球俱乐部官网，2016-11-23。

3. 第二届全国青年运动会促进城市软实力的诠释

体育赛事拥有与节庆活动一样的文化作用，它将衍生和培育地域情感和社会意识，要比节庆活动更有彰显力，其影响力和广泛性是其他文化活动不可比的。

第二届全国青年运动会是在体育改革背景下举办的一次全国性综合运动会，夏季项目37大项、冬季项目5大项、全能项目7大项，共1868个小项，届时预计将有60000人（仅为参赛人员）到山西参赛，规模之大前所未有。二青会将作为山西新转型共享新未来的窗口，展示山西城市运营的综合实力，加强城市可持续发展的软实力。二青会也将同其他重大赛事一样，对城市发展的社会效应和经济效应产生重大影响。

3.1 全员参与通力协作，彰显城市软实力

大型体育赛事是一项复杂而庞大的系统工程，涉及的责任部门众多，大型体育赛事的成功举办是凝练和展示城市软实力的最佳平台和窗口。本届青运会项目之广、人员之多、规模之大前所未有，对于初次承办如此之大体育盛会的山西不能不说是一次挑战。要举全省之力办好二青会，所涉及的部门、行业充分发挥各自的优势，紧密协作、勇于担当。除了赛事的工作人员之外，当地的市民也承担着办好二青会、迎好远方客的责任，扮演好东道主角色。参与二青会的每个部门（个人）如同箩筐中的一根荆条，箩筐承载物体的能力，取决于箩筐编织的逻辑，荆条的根部与另一荆条的颈部相接，其道理是粗细相接，用根部的粗壮弥补颈部的薄弱，使其载物能力均衡。其寓意为无论能力多强的部门（个人）都存在着某些不足，强强联手更应该知道自己的薄弱是被他者的优势所弥补，笔者称它为"箩筐定律"。聚力、协作、感恩是团队文化的基本，二青会的圆满成功更需要这样的团队文化，只有人人有了这种意识，做起工作来才会充满热情、干劲十足。

3.2 体育场馆文化的充分展示

大型体育赛事的举办带动了城市建设的快速发展，包括基础建设、交通、标志性建筑等，也诞生了一批具有城市特色的体育场馆。设计优美的场馆能够给城市注入新鲜的活力。以这些场馆为载体，举行具有地方特色的文化活动，包括赛事的开闭幕式及在此期间的各类全民健身活动，不断充实城市的文化生活和文化成果。体育以其独有的渗透性展示在各类比赛场馆中。太原市作为山西省省会将承办二青会的大部分比赛和开闭幕式，改造和新建了一大批具有不同特色的体育场馆。其中具有代表性的是山西体育中心，作为山西省最大规模的体育场馆集合体，拥有符合国际标准的一场四馆规模，此外还建有体育交流中心等辅助设施。它不仅是造型独特的运动场，而且是具有多种功能的观光胜地，作为城市的地标，极大地改善了居民参与体育活动的空间环境，成为太原市城市体育文化的形象标志。

3.3 体育赛事的有效传播

传播在城市软实力建设中发挥着独特的作用，无论是吸引外部的生产与消费要素，还是提升城市内社会、政治、经济和文化的发展品位，塑造良好的城市形象，为城市和谐、健康、转型发展提供有力支持的过程中都离不开传播。[1]依托现代发达的各类媒体传播，强化城市的吸引力、影响力和关注度。城市的市容市貌、风土人情，乃至地方小吃，都会通过体育赛事的宣传传播到各地。二青会是一个以体育文化为龙头的多元文化共融的交流盛会，是让参与者重新认识山西的极好平台，是山西太原城市软实力展示提升的大好机会，山西举全省之力，应因事而谋、应势而动、顺势而为，全力打造完美二青会，提高自身的传播能力。山西省11个市均承办部分项目，本次赛事必将成为电视、广

---

[1] 陶建杰：《传媒与城市发展软实力》，《复旦大学学报》2009年。

播、杂志、互联网等竞相报道的对象。尤其是本次赛事的开闭幕式，山西将会利用这一契机向全国、世界展示山西的历史和文化艺术的魅力，提高知名度，增加影响力，展示山西新形象。

3.4 促进城市发展软实力构建

城市文化是城市社会成员在思想观念、思维方式、道德风尚、价值观念、人际关系等方面所表现出来的特性和行为模式，是城市发展软实力的核心所在。体育作为城市中重要的社会活动，对城市观念文化有明显的影响。二青会的举办极大地推动了城市居民参与体育、关注体育的热情，潜移默化地促进城市居民个体的心理品质、心理状态普遍改善，塑造顽强拼搏、不懈努力的精神价值，从而提升城市文化。城市居民通过关注二青会赛事中的成功与失败、快乐与痛苦、竞争与协作，使自身的物质、精神生活获得理性的发展，这正是体育文化增强城市发展软实力的重要内容。

作为一个转型发展中的省份，更加期待着通过举办这届大赛，能够让所有参与者体验到高度的凝聚力、密切的合作力，彰显山西的赛事运营能力，创造一个奇迹，留下一笔财富。

4. 结语

体育赛事以它特有的品质，对举办城市发展的影响是客观存在的，特别是对城市软实力的构建起到了不可或缺的作用。山西转型发展需要注入更多的新鲜血液，山西需要更多的体育赛事激活城市。没有体育的城市是寂寞的，有体育的城市是热情的，体育赛事如同人体中流动的血液，使城市充满激情，拥有激情的城市，才会有梦想、才会有未来。本文对体育赛事对城市软实力建设的作用进行了尝试性分析，对山西如何通过举办二青会促进城市软实力提升进行了讨论，期待体育在全省城市发展建设中发挥更大价值。

二青会对山西经济、文化、社会的积极影响

张晓蕊

山西体育职业学院

2019年8月8日至18日，二青会将在山西举行。此次赛会共设49个大项，其中夏季项目37个大项、冬季项目5个大项、全能项目7个大项。二青会是中华人民共和国成立以来山西首次承办的全国综合性大型运动会，规模之大、规格之高，于山西而言，意义非凡。二青会对山西的积极影响数据分析将在赛后的评估报告中有详细的阐述，本文结合2008北京奥运会赛后对北京的积极影响，2017年伦敦世界田径锦标赛赛后评估报告，从建设和筹备期的生产要素视角、土地资源要素（场地分布）、资本要素（赞助、政府基础建设投入）、人力资源要素（运动员、教练员、裁判员、工作人员、志愿者、领导层、新闻媒体工作者、体育行业专家学者、社会参与者等）、创新要素等方面进行论述。本研究分为赛前、赛中、赛后三个部分，详细的赛中问卷调研、赛后访谈评估等数据不在此次论文的范畴。本研究采用文献综述、专家访谈等方法，部分数据来源于二青会官网、山西省体育局官网、公众号推送等，二青会的顺利召开将对山西的经济、文化、社会影响力起到积极的促进作用。从要素视角探讨二青会很有现实意义，是对我们前期工作的一个小结和后期评估方案的一个展望。

1. 赛事场地分布范围广，一场多用、一赛多场

作为土地资源要素的场地是运动员进行比赛的基础保障。筹备赛事期间组委会本着节俭办赛的理念，"能使用的不改造，能改造的不新建"，二青会场馆既要满足赛事要求，又要兼顾赛后全民健身使用。其中作为主赛区，太原将承担开闭幕式和60%以上的比赛，共有13个体育场馆及相关改扩建项目，其中新建的有山西青运村、山西国际交流中心、山西射击射箭基地、水上运动中心等8个场馆。二青会是山西政府部门放下身段、降低门槛，向社会和市场开放更多体育资源的大好契机。二青会赛事场地分布有如下特点：

1.1 赛事场地分布广泛

组委会针对承办的36个项目制订了项目布局方案，方案布局到全省11个地级市，并延伸到11个县（市），还包括9所省直高等院校、3所市属院校，共涉及场馆57个。

1.2 赛事场地一场多用

山西体育中心既是开闭幕式场地，又将是田径、游泳、自行车等赛事的比赛场地。山西体育中心游泳馆将进行游泳、跳水、花样游泳等项目的比赛。

1.3 赛事场地一赛多场，分布在不同县市

以足球比赛为例，根据年龄段的划分，将安排在山西体育职业学院、中北大学、太原理工大学、大同市体校、大同体育中心、长治体育中心、长治市屯留县文化体育中心等地。（备注：不是最终确定稿，以比赛前组委会通知为准）

1.4 依托场地资源，促进当地旅游业发展

公路自行车赛将在晋中榆社云竹湖体育小镇举行，铁人三项比赛

将在运城芮城县圣天湖体育小镇举行，马术赛将在右玉玉龙马术俱乐部举行等。赛事的举办将会提升当地旅游业的发展水平，促进当地经济文化及社会的繁荣。

1.5 盘活和改善高校场地资源

通过对太原赛区的太原理工大学、山西大学、山西财经大学等9所省直高等院校，太原幼儿师范学校、太原旅游职业学院等3所市属院校的场地进行维修、改扩建、新建等，二青会促建学校资产，为学生提供便利，为学校增添实惠。这也充分体现了山西省体育局遵循"大健康""大体育"的理念，带着经费、项目主动进入校园，推动学校体育发展，提高高校为政府提供公共体育资源的效用。

1.6 彩虹国际赛道彰显山西实力

"三大旅游板块＋三大世界文化遗产，一个极富想象力的国际自行车专业赛事"，这是赵局长对即将举行的2019年环太原国际公路自行车赛的评价。2019年环太原国际公路自行车赛比赛路线以太原为核心，辐射全山西，既涵盖了"黄河、长城、太行"三大板块，又包含了云冈石窟、平遥古城、五台山三大世界文化遗产，美丽的彩虹赛道彰显三晋魅力，体现山西实力。

二青会筹备期间，从小轮车、马拉松、自行车比赛，到全国田径大奖赛、全国蹦床冠军赛等一系列国内重要赛事，山西正在借助高规格比赛打造"山西名片"，建设、改造、修缮高规格的国际赛道和比赛场地迎接二青会的到来，以此促进新时代山西体育产业发展转型。

场地作为最基础的要素将会为比赛提供保障，而资本的注入将会提供有力的赛事运转。

2. 二青会赞助费用超4亿，互利互惠共同促进

资本要素是二青会顺利运转的重要资源，在政府投入资金不足的情况下，如何吸引社会投资成为目前的关键。大力度吸引社会投资，

促进二青会的有序推进，并且有助于山西体育产业的跨界融合。

根据国际奥委会出版的《奥林匹克杂志》提供的材料，奥运会组委会的收入中，主要包括四大方面：一是电视转播权收入、二是企业赞助、三是门票收入、四是各类纪念品的销售收入。二青会的收入也不例外。目前山西省政府对体育行业的投资多用在公共体育资源建设方面，二青会城市的基础设施、场地周边的环境设施等由政府投入，赛事的运转需要大笔资金的赞助。可喜的是截至2019年5月12日，二青会赞助招商工作已经取得现金1.5亿元、非现金实物及服务2.5亿元，总金额达到4亿元。

二青会资源开发的工作目标是为二青会创造3.5亿元赞助，以补贴二青会经费的不足。截至5月12日，已与二青会签约的企业有16家，初步达成赞助意向的有44家，共计60家。其中合作伙伴级（赞助金额2000万元起）13家、赞助商（赞助金额1000万元起）9家、独家供应商（赞助金额600万元起）13家、供应商（赞助金额300万元起）25家。

企业的赞助还在继续，关于企业的效益我们会在赛中、赛后通过访谈、问卷调查等形式进行评估。电视转播权的收入、门票收入、各类纪念品的销售等直接经济效益不在此次的论文研究范围。企业最直接的收益不仅仅是经济收入增加，还体现在品牌的宣传和推广、企业文化的提升等方面。

场地是基础，资金是保障，人力资源是决定生产要素的关键。

3．人力资源的要素视角——各取所需，各尽其责

迈克尔·波特的"钻石"模型理论表明，决定生产要素的首要因素是人力资源，要达到产业水平的提升，缺乏人力资源是无法实现的。二青会将给运动员、教练员、裁判员、志愿者、新闻媒体记者、社会参与者、工作人员、官员、观众等搭建一个大的舞台。

运动员通过以赛带练提高自己的成绩，寻找差距。教练员锻炼队

伍，通过比赛选材。裁判员提升自己的执裁能力。组委会工作人员在筹备阶段各自根据岗位需求认真工作，比赛中各司其职，赛后做好总结，是他们辛苦的付出比赛才能顺利完成。新闻媒体在赛前的大力宣传报道，提升山西的知名度和影响力，通过赛事让相关产业不断发展；比赛中的赛事报道将更直观地让广大观众受益。观众的积极参与也会为比赛带入激情和快乐。志愿者将是城市最好的名片，赛会志愿者、城市志愿者前期的培训已在有序进行中。

二青会志愿者工作部专门从高校、社会志愿服务组织、爱心团体（队）中组织了一支60人的培训专家团队，由专业志愿服务机构讲师团、红十字会专家、外聘专家学者、高校讲师、奥运会志愿者等资深志愿者组成，培训讲师队伍庞大且专业，全力为二青会培训献力，为二青会提供全面专业的志愿服务。值得一提的是，本次二青会的志愿者培训还纳入了省红十字会的应急培训。来自省红十字会的40余名核心师资骨干组建了教学团队，对志愿者进行心肺复苏、AED机操作技术、创伤救护技能、常见急症和运动损伤的处置等课程培训。培训采用讲授、演示、实操等多种教学手段，以保证培训效果。

赛中、赛后我们将会以问卷的方式收集教练员、运动员、裁判员、志愿者等的参与度，以及对比赛的一些评价，还将对赛会的经济支出来做赛后评估。

人力资源要素起决定作用，将会对比赛产生直接的影响，而创新要素也是不可或缺的方面。

4. 创新理念"体育+""+体育"文化活动具有山西特色

据华奥星空提供的数据显示，2016年1月至4月举办的311场各类大型体育赛事中，观赛和参赛人数共计338万人，由赛事产生的旅游、交通、住宿、餐饮等关联消费达119亿元，对举办地经济拉动超过300亿元。

北京大学中国体育产业研究中心专家何文义提出"体育+"的理念。

"+"是一横一竖：纵向是体育产业链，从体育教育、体育培训，到体育赛事、体育媒体等；横向就是跨界整合。体育产业与农业、制造业、旅游、教育这些产业跨界融合，才可以快速发展，获得巨大的发展空间。

二青会以"互联网＋体育"为契机，充分利用信息革命和多元化的创新资源要素，在门票预售，体育场馆预订，体育赛事运营，二青会官网、App 创建等方面发挥作用。

"体育＋旅游""体育＋文化""体育＋教育""体育＋养老"……通过二青会赛事逐渐拉动山西内需的新增长。

"体育＋文化"，为推动山西体育文化事业，目前二青会组委会正在进行山西体育文化丛书的编写工作。《初心与使命——新中国山西体育 70 年 70 人》《后二青会时代的体育与城市发展》《三晋体育诗赞》《新声：三晋体育文化大讲堂撷英》《众说：我们的青运会》《风华满三晋——山西全民健身掠影》6 册图书将以三晋体育文化丛书合辑出版。

"非遗＋体育＋文化遗产"，作为国家非物质文化遗产的广灵剪纸也参与二青会中。2019 年 5 月 8 日，由广灵县多堂剪纸文化产业园区有限公司承担设计制作的二青会专题剪纸大气呈现，作品包括 12 个比赛项目和吉祥物青青以及会徽，这些作品将独特的剪纸风格与山西传统文化有机结合起来，定会成为本届体育盛会的艺术珍品。他们将二青会体育项目与四大石窟艺术宝库之云冈石窟、世界五大佛教圣地之五台山、五岳之北岳恒山、世界文化遗产平遥古城等"山西符号"融入剪纸之中。"非遗＋体育＋文化遗产"三位一体，在宣传二青会的同时，更好地展示了山西文化旅游特色和二青会赛事的时代风采。

"体育＋教育"，据省体育局青少处处长赵文莉介绍，2019 年将继续在全省范围内组织开展以"阳光少年、助力青运"为主题的青少年体育冬夏令营活动。据统计，山西省将开展足球、篮球、排球、冰雪、游泳、武术、射击、射箭、跆拳道、航空航模等 23 个项目的青少年体育冬夏令营，参与人数将突破万人。

以上从生产要素的视角对目前山西省二青会进行分析，二青会对山西经济、文化、社会的影响将源于模型的构建和赛后评估报告。

关于赛前二青会对山西经济、文化、社会的直接或间接的影响，我们已经从一些前期的赛事带动看出，群众参与的积极性大幅度增强，人们对赛事的热情空前高涨，赛中、赛后的评估报告将会以问卷调研、专家访谈等形式做具体的量化分析。下图将作为我们后续研究的参考依据。

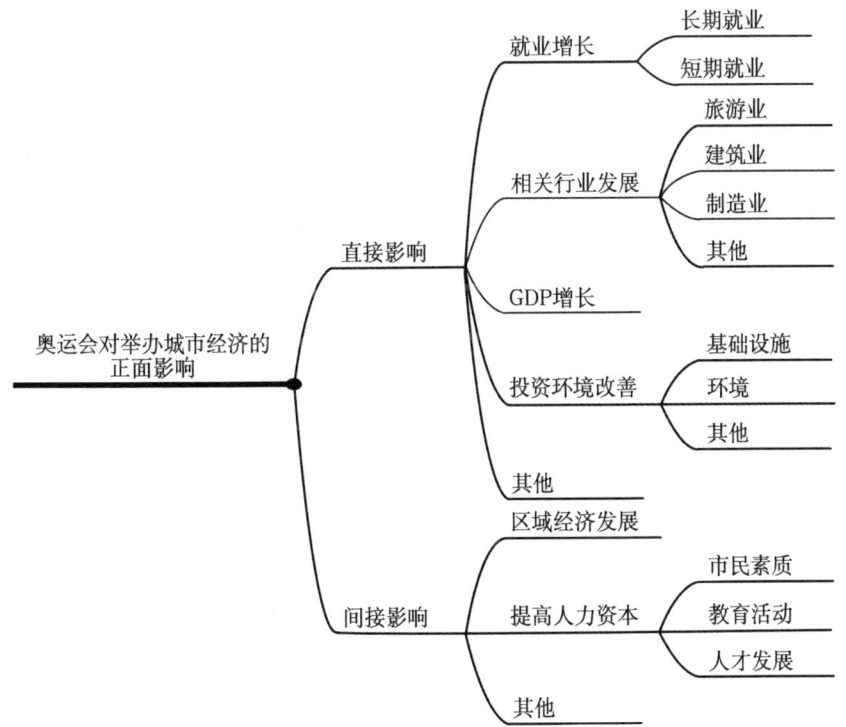

图 1　奥运会对举办城市的正面影响

参考文献

[1] https：//www.olympic.org/.

[2] https：//www.iaaf.org/home.

[3] Press,holger.Economics of the Olympic Games. Petersham：Walla Walla Press,2000.

[4] The Official Report of the XXII,XXIII,XXIV,XXV,XXVI,XXVII,XXVII Summer Olympic Games.

[5] www.people.com.cn/zgqy.

[6] tyj.shanxi.gov.cn/.

[7] 戚永翎.北京奥运会经济遗产及后奥运经济策略研究.北京：对外经济贸易大学出版社，2007.

[8] 符亚明，吴明.奥运会对北京的经济影响与政府决策研究.北京：原子能出版社，2006.

二青会城市体育标语对山西省精神文明建设的影响研究[1]

张和平

太原理工大学体育学院

1. 问题的提出

体育标语是鼓励人们参加体育活动，具有纲领性和鼓舞性的简短句子。标语可以宣传造势、教育管理、动员指导等。标语的类别有很多，比如政治标语、体育标语、城市标语等。城市标语是张贴在城市公共场所、道路等人流量较为聚集的地方，具有提醒、渲染作用的简短语句。城市体育标语是城市标语的一部分，是发布在城市公共场所，为体育政策、体育活动及相关事件宣传或造势的口号，它具有独特的内涵及文化特点，是社会主义现代化建设不可或缺的力量。

随着山西省二青会赛事的临近，太原市等其他地区的城市体育标语越来越多，内容也越来越丰富。"创文明城市，迎二青盛会"，直接表达山西省人民政府对此次赛事的重视以及山西人民的美好愿望。积极向上的城市体育标语能否对举办城市精神文明的建设起到积极作用。

---

[1] 课题项目："第二届全国青年运动会与山西省高等院校体育互动发展研究"。

2. 研究方法

2.1 文献资料法

以"标语""体育标语""口号"等作为关键词,在中国知网数据库、万方数据库以"2009—2019"年份作为条件进行搜索,查阅与本研究有关的文献、著作、期刊、毕业论文等,重点关注新近研究和高被引文献;借助百度学术数据库获取外文文献;查阅相关书籍;登录山西省有关官方网站查阅相关公告及内容;收集太原理工大学体育学院资料室相关文献。对获得的文献资料进行归类整理以及相关的脉络研究。

2.2 实地调研法

二青会筹备期间,和筹委会有关人员进行沟通。了解二青会筹办动向及进程,来往于太原大街小巷,穿梭于各类城市体育标语中间,为研究打下坚实的基础。访谈过路市民,从一线深入了解城市体育标语对精神文明建设的作用,为完成论文提供相应的理论支持。

3. 结果与分析

3.1 体育标语的追根溯源

表1 中华人民共和国成立以来具有影响力的体育标语

时间	体育标语内容
1950.6.26	健康第一、学习第二
1952.6.10	发展体育运动、增强人民体质
1952.6.30	身体好、学习好、工作好
60年代初	身体是革命的本钱

续表

时间	体育标语内容
1971年	友谊第一、比赛第二
80年代	冲出亚洲、走向世界
1983年	提高水平、为国争光
1993.7.5	发展体育运动、为建设有中国特色的社会主义服务
1995.6.16	胜不骄、败不馁
1995.9.12	发展城市体育事业、提高中华民族素质
1995.11.5	发展民族体育运动、促进两个文明建设
1996.5.1	平等、参与、自强、共进
1997.8.16	全民健身、利国利民，功在当代、利在千秋
21世纪	我运动、我健康、我快乐 每天锻炼一小时、健康工作50年、幸福生活一辈子
2000.2.1	新北京、新奥运
2004	绿色奥运、科技奥运、人文奥运
2005.6.26	同一个世界、同一个梦想（2008年北京奥运会口号）
2007	每天锻炼一小时
2008.10	阳光运动，从我做起；强身健体，振兴中华 阳光体育与祖国同行
2009.10	阳光体育与全民健身同行
2010.10	阳光体育与健康同行

根据表1可以清晰地看出我国体育标语的发展情况，自中华人民共和国成立以来，面对百废待兴的体育事业，提出"健康第一、学习第二"。发展科技故是重要，但是皮之不存，毛将焉附。如果没有健

康的身体则无法进行生产，更无法进行学习。可以看出，20世纪70年代前最主要的体育发展路线是身体健康。到了70年代，我国利用"小球带动大球"与日本、美国建交，着力发展经济、文化，"友谊第一，比赛第二"诠释了国民与外国友好往来。

改革开放后的80年代，我国经济水平迅速提高，同时形成自己独特的发展模式。中国足球喊出"冲出亚洲、走向世界"。邓小平为第五届全运会题词"提高水平、为国争光"，表达我国国民意识走到社会前端，使我国国民精神重心，体育发展热情空前高涨。[1]随后体育标语的改变，表明政府工作重心的转移，建设城市体育事业和民族体育事业成为国民关注的重点。而后"平等、参与、自强、共进""全民健身、利国利民，功在当代、利在千秋""阳光运动，从我做起；强身健体，振兴中华""阳光体育与祖国同行"表明国民又恢复到健康身体、幸福生活的精神层面。随着政治工作重心的改变，体育标语也在改变，体育标语的普及也在潜移默化地影响着国民的精神文化。

3.2 体育标语的分类与作用

体育标语的载体有很多，但是他们有着统一的原则——出现在人群聚集的地方，因此体育标语最基本的作用就是宣传与彰显，让更多的群众去了解体育。体育标语的张贴，无形中给过路行人一种提醒与宣传，让更多有兴趣的人们去深入了解。"发展体育运动，为建设有中国特色的社会主义服务"，动员国民积极参加运动，响应国家号召，为建设新中国贡献自己一分力量。"迎二青盛会、创文明城市、为青春点赞、为运动喝彩"，组织国民积极参与二青盛会，凝聚人群力量。"盛世中国、盛会青运、盛情山西"表达了山西省委、省政府对二青会的美好愿望，也推动了山西人民迎接青运会的热情。

---

[1] 董治委：《新中国60年体育标语研究》，《苏州大学学报》2010年。

表2 太原市城市体育标语分类与作用

分类	城市体育标语	作用
指导类	创文明城市、迎二青盛会 创建文明城市、喜迎二青盛会	具有指导性的语言,引导大家如何做
动员类	运动健康、奋斗幸福 新时代、新青运、我奋斗、我幸福 做时代新人、创文明城市、迎二青盛会 喜迎二青会、建设文明城、当好东道主 迎二青盛会、创文明城市、为青春喝彩、为运动喝彩	具有活力的词语,激励人们,使人从心底被感染
宣传类	青春的约会、拼搏的舞台 同谱二青新曲,共唱转型欢歌 盛世中国、盛会青运、盛情山西 迎二青盛会、展山西风采、圆中国梦想	描绘出美好愿望,期待大家共同编织梦想

二青会正在火热准备中,太原市城市体育标语也悄然来到大家的视线中。这些城市体育标语有梦想、有指导、有活力,为扎实推进山西省精神文明建设,构建幸福生活、文明太原做出不可磨灭的贡献。

3.3 二青会城市体育标语对精神文明建设的影响

根据国家体育总局、山西省体育局通过的实施计划,山西省借二青会的广阔平台,加强精神文明的建设以及转型发展,全面实施全民健身计划纲要,展现三晋儿女的时代风貌。通过实施加强环境治理、整修路面、栽种草木、礼让行人等举措,山西省已经掀起创建精神文明、创建物质文明的热潮,使得全省人民的获得感、幸福感、安全感明显提升。通过多次举办"三晋体育文化大讲堂""开放太原"论坛等活动,丰富全省人民知识领域，开阔视野，更为山西省精神文明建设提供丰富的理论知识和现实意义。再配合城市体育标语，更能有效、快速地将文明散发各地，让市民不仅文明出行、文明沟通，并且会激励后代，将一个华夏文明发源地的古城再次推向辉煌。

4．讨论

根据中华人民共和国成立以来城市体育标语的变化给人民带来的精神文明的进步，表明城市体育标语随着政治、经济、文化的改变也在潜移默化地改变着人们。体育标语总是直接地和全方位地反映出时代的精神和社会的发展。通过搜集中华人民共和国成立以来的典型体育标语，我们可透视其时代的政治思想、经济建设、文化教育，甚至审美时尚、社会习俗和时代精神。第二届全国青年运动会在山西太原举行，太原市城市标语早已挂满各条道路，山西举全省之力共同办好二青会。城市体育标语时刻提醒着我们要为文明城市的创建做出努力。城市体育标语早已深入家家户户，增强了全省人民的主人翁意识，真正"喜迎二青会、建设文明城、当好东道主"。

5．小结

城市体育标语随着政治、经济、文化的变化也在改变其代表的内容，随着社会的进步，也在影响着人类的精神文明。二青会城市体育标语使得全省人民以山西省为荣，时刻不忘自己是东道主；代表山西参赛的运动健儿拼搏竞赛，为全省的精神文明建设，奉献自己的一分力量。

参考文献

[1] 唐玉华．全国综合性运动会发展现状与对策研究 [D]．武汉体育学院，2011．

[2] 孙继龙．体育标语研究 [D]．山西大学，2010．

[3] 董治委. 新中国 60 年体育标语研究[D]. 苏州大学, 2010.

[4] 孙继龙. 体育标语应用评价体系研究[J]. 安徽师范大学学报（自然科学版）, 2016, 39(05): 479—484.

[5] 谢奇. 解读足球赛场的球迷标语[J]. 体育文化导刊, 2014, 03: 194—199.

[6] 郭阳, 张波, 杜翊. 陕西省赛场个性化体育标语研究[J]. 当代体育科技, 2014, 41(1): 122—123.

[7] 朱国生. 体育标语价值审视[J]. 体育学刊, 2013, 20(02): 27—30.

[8] 陈建霞, 孙继龙. 论新中国大众体育标语的生发脉络——从网络文化看体育标语的呈现形态[J]. 体育与科学, 2012, 33(03): 30—36.

[9] 孙继龙, 石岩. 体育标语的溯源及演进研究[J]. 北京体育大学学报, 2010, 33(09): 38—42.

[10] 孙继龙, 石岩. 赛场看台体育标语研究[J]. 中国体育科技, 2010, 46(06): 90—97.

[11] 张文鹏, 高海明. 建国 60 年来体育标语变迁的回顾与审视[J]. 上饶师范学院学报, 2010, 30(06): 104—107.

[12] 周红萍. 从新中国成立以来的体育标语口号看时代精神的变迁[J]. 中国科技信息, 2008, 21: 186—187.

[13] 郑行健. 体育标语与体育强国发展策略研究[J]. 体育文化导刊, 2017, 02: 186—189.

[14] 李海军. 足球赛场标语及其作用研究[J]. 武术研究, 2017, 21(2): 146—148.

[15] 孙继龙. 城市户外体育标语研究[J]. 安徽师范大学学报（自然科学版）, 2015, 38(04): 384—391.

后二青会时代山西经济可持续发展路径研究

吕慧　秦洋洋

山西大学体育学院

大型体育运动会已不仅仅是一种简单的体育竞技行为，更是一种商业与经济并存的行为，它对举办城市的经济影响有目共睹。衡量和评定一届大型综合性运动会是否成功，其指标固然多元，但除去运动竞赛成绩外，赛会给举办地带来的综合效益当是评价体系中最为重要，且无可替代的考量内容。全国青年运动会四年举办一次，它不仅能调动青少年参与训练的积极性，吸引更多的青少年参加体育运动，更是衡量我国竞技体育可持续发展水平的重要标志。本文通过研究后二青会时代山西经济可持续发展的路径，为后二青会时代山西经济可持续发展提供借鉴。

1. 后二青会时代山西经济可持续发展的路径

1.1 发挥政府主导和市场调节的作用

市场和政府在经济发展中占有很重要的作用，我国市场和政府的关系是政府主导下的社会主义市场经济。市场调节对于体育产业的发展具有不可替代的作用，国家体育总局副局长赵勇指出，体育产业的高质量发展与市场主体有着密不可分的关系，国家要出台相应的政策来支持创业者，支持转型企业和双创企业发展体育产业，体育企业的发展需要创业者的带动。

后二青会时代体育产业、赛事需要更多地培养和挖掘体育经济的专业技术人员，让他们为体育赛事服务，而不能靠政府包办。政府在赛事的培育过程中发挥好孵化的作用。政府主导核心的问题是要把扶持产业和扶持赛事的政策明确下来，长期坚持下去并在实践中不断丰富和发展，这样对二青会的可持续发展会起到积极的推动作用。其次，还要避免由于政府官员的更替以及相关领导对赛事的重视程度，而影响政策的继续执行。

1.2 注重经济效益与社会效益的协调发展

经济效益是人们在社会经济活动中可以直接看见的有形资产，而社会效益则是在经济效益之外的，对社会生活有益的效果，它不能很快地发挥出来，且需要时间的积淀。二青会的经济收益可分为直接收益和间期收益、短期收益和长期收益。直接经济收益是组委会的经营收入，包括门票、电视转播、特许商品经营、企业赞助和广告、纪念币和纪念邮票、社会捐赠等。间接收益是申办和举办二青会中的直接消费需求，通过边际消费倾向而增加的收益，以及为赛事投资会通过产业间的关联产生传导效应，关联企业如建筑业、制造业、房地产、旅游、住宿及餐饮、环保、交通等。另外，二青会举办所带来的社会效益也不容忽视，如市民素质的提升、城市形象的优化、生态环境的改善等。社会效益作为衡量和评定一届大型综合性运动会的指标之一，需要我们协调发展，以可持续的眼光来对待。后二青会时代山西要借鉴以往大型运动会的经验和教训，注重经济效益和社会效益的协调发展，使二青会真正成为促进山西发展的契机。

从可持续发展的角度来看，山西体育赛事需制定长远战略目标。借鉴太原国际马拉松的成功经验，在山西赛事的发展中要注重长期发展，用战略的眼光思考，避免只追求短期效益。赛事是一个综合体，应该实现多方融合。培育和助推"体育＋""＋体育"发展模式，催生新的经济增长点。探索融合发展路径，推进行业间全方位深度融合。此次二青会比赛项目以太原、大同两市为主赛区，全省各市都承接了比赛项目，要以此为契机，在后二青会时代,尝试和培育山西"体育+""+体育"发展模式，打造以体育为核心驱动力的新兴产业，为经济发展注入新的活力。赛事要实现和旅游、文化、养老等的融合，把赛事打造成为一个完备的综合体。例如，国际公共自行车赛往往只进行单一的比赛，但是本次山西省体育局和政府共同把它打造成国际自行车周，目的是为了把文化、体育、博览会打造起来，形成一个综合体，使其作用放大，影响更为长远。

1.3 利用山西本土旅游资源的优势，强化舆论宣传和氛围营造

山西素有"五千年中国看山西"的美誉，具有历史悠久的人文旅游资源，山西现有世界文化遗产3处、国家级历史文化名城6座、国家级历史文化名镇名村40个、国家级重点文化保护单位452处等。山西也有丰富的自然资源，包括国家级风景名胜区6处、国家级自然保护区7处、国家级地质公园和森林公园28个、国家A级景区145处（包括国家5A级景区6处）等。由此看出山西旅游资源种类齐全,高山峡谷、森林飞瀑、祠堂庙宇、名院名城等类型丰富。从地理位置来看，山西具有显著的区位和交通优势。除此之外，山西的革命传统：吕梁精神、太行精神、右玉精神是全党、全国人民宝贵的精神财富，也是我们筹备和举办二青会不可或缺的思想武器。二青会在山西举办，将为山西的历史文化赢得前所未有的关注，这对于提升山西在国内外知名度、影响力具有重大现实意义。

为丰富体育产业内容，大力发展体育旅游，国务院2014年发布《关于加快发展体育产业促进体育消费的若干意见》，2016年发布《关于加快发展健身休闲产业的指导意见》。2018年发布《关于加快发展体育竞赛表演产业的指导意见》精神，联合体育主管部门、地方政府、

企业、社会组织，以问题为导向，贯穿体育产业链，探讨坚持融合发展、坚持"体育+"和"+体育"做法。2014年，山西省政府就提出了山西省经济转型的战略布局。2015年，山西省人民政府发布《关于加快发展体育产业促进体育消费的实施意见》。2016年，山西省政府进一步出台了以建设文化旅游强省为目标，将文化旅游业培育成为山西经济转型升级的第一大产业和战略性支柱产业的系列政策。旅游业能够极大地满足不同游客的精神需要，通过旅游活动可以极大地宣传山西的灿烂文化和改革开放的成果，在世界范围内能为山西树立良好的形象。

山西不仅有丰富的自然和历史文化优势，还有一系列的政策支持。因此，后二青会时代山西要抓住机遇，借助二青会的影响，坚定不移地加大媒体宣传力度，为山西营造浓厚的旅游特色氛围，让更多的人通过媒体宣传和群众感染来认识山西、了解山西，为他们走进山西打下坚实的基础。

1.4 落实青少年体育与全民健身的发展，培养消费人群

举办二青会旨在深入落实习近平新时代中国特色社会主义思想和习近平总书记关于体育工作的重要论述，面向包括青少年学生在内的全体青少年，发现和培养体育后备人才，积极引导广大青少年开展体育活动，进一步弘扬体育精神，强健青少年体魄、磨炼青少年意志，为健康中国和体育强国建设打下更坚实的基础。二青会中符合各项目参赛年龄的规定是19岁及19岁以下，是青年的大聚会，是青春的嘉年华。参加二青会的运动员多为青少年，他们在竞赛中所表现出的遵纪守法、积极向上、敢于拼搏的意志品质也会对青少年产生榜样的力量，对青少年的生活态度、生活方式产生潜移默化的影响，让广大青少年自觉地参与到体育运动中。二青会为山西全民健身提供宣传平台、人力资源和体育设施等，而山西全民健身活动的开展也为二青会带来积极广泛的影响，二者相互影响，互相推动。青少年体育和全民健身

的开展与普及在一定程度上将会拉动山西体育产业的发展，为山西体育产业的发展注入可持续的活力。人们生活态度和方式的改变将会为山西经济的发展带来长期效益。

经济增长与经济发展是有很大区别的，在经济发展中主要是关注人的生存环境。后二青会时代要促进山西的经济增长，更要促进山西的经济发展，挖掘好二青会的"精神"和"灵魂"，为落实青少年体育和全民健身的发展和普及打下坚实的基础，以期为山西体育产业的发展培养消费群体。

2. 小结

山西的体育产业起步较晚，潜力巨大，具有很大的后发优势。筹备和举办二青会的过程，也是山西各项事业融合发展，引动产业升级，实现经济发展提质增效的过程，二青会的成功举办将会促进山西城市基础设施建设和现代服务业发展，全面提升城市公共服务功能、助推山西旅游发展、促进人民生活改善。后二青会时代山西要通过借助各种力量，整合各种资源，努力促进山西体育事业的可持续发展。

参考文献

[1] 郝敏. 第二届全国青年运动会推动太原市体育产业发展的前瞻性研究 [D]. 山西大学, 2018.

[2] 张瑞林, 王先亮. 中国体育产业发展机制创新研究 [J]. 成都体育学院学报, 2016, 42(03): 19—24.

[3] 杨强. 我国体育产业发展存在的问题及其解决对策 [J]. 体育学刊, 2012, 19(04): 30—38.

[4] 史永菲. 山西省体育旅游业发展研究 [D]. 曲阜师范大学, 2013.

[5] 国务院. 关于加快发展体育产业促进体育消费的若干意见 [R]. 国发〔2014〕46号.

[6]发展体育竞赛表演产业助力体育产业高质量发展[N].中国体育报,2018-12-24(002).

后二青会时代山西幸福体育的构建

宋韬

山西体育职业学院

二青会是山西举办的规模最大、规格最高的综合性体育赛事,是对山西省经济建设、社会发展、体育成就、精神文明、城市管理的一次大检阅,更是展示山西美好形象、推动山西各项事业发展的重要平台和重大机遇。

二青会不仅会推动、引领和影响山西社会、经济、文化的发展,而且对于进一步落实全民健身国家战略,完善群众健身设施,构建系统化的"大健康"公共服务体系具有深远影响,无疑会推动山西体育的大发展。体育作为人类生活的一部分,作为培养人、塑造人、成就人的活动,应当关涉人生幸福,幸福体育应该是全社会的共同愿景。

构建幸福体育就是要让体育植根于社会、造福于人类。我们认为,应从关怀生命、关注人文、关心社会三方面着手:

1. 关怀生命

叶澜教授曾经给教育下过这样一个定义,"教育是直面人的生命,通过人的生命,为了人的生命质量的提高而进行的社会活动"[1]。因此,

---

[1] 冯建军:《论生命化教育的要义》,《教育研究与实验》2006年第5期。

在体育运动中也应关注人的生命存在，提升生命的质量，树立"生命为本"的思想，实现生命的本真回归。

1.1 幸福体育应当关怀个体生命的完整性

基于对个体生命完整性的理解，幸福体育不仅要关注个体的身体健康，也要关注个体的精神健康、社会健康。

幸福体育的含义不仅仅是锻炼身体本身，还包括通过体育活动培养个体的各种道德品质和社会交往能力等。体育运动从内容到形式都蕴含着丰富的品德教育内容，如体育运动形式多以集体为单位（如班集体、锻炼小组等），这些集体体育活动一般都有一些常规规定，如课前整队，向教师报告人数，练习排列各种队形，爱护场地、设施和器材等，这些严格的纪律增强了个体对自身行为的责任感，形成了服从命令与听从指挥的习惯，养成团结互助、相互合作等优良品质，培养了个体勇敢顽强、不畏艰难、坚韧不拔的精神。

1.2 幸福体育应当关怀个体生命的独特性

法国著名启蒙思想家、教育家卢梭认为，"儿童是有他特有的看法、想法和感情的；如果想用我们的看法、想法和感情去代替他们的看法、想法和感情，那简直是最愚蠢的事情"[1]。每个个体都有自身独特的生命，生命的独特性是个体由于遗传因素、家庭背景、社会环境以及生活经历等方面的不同而形成的。体育要尊重生命，就要尊重每一个独特的生命个体，充分尊重个体的独特个性，根据个体之间的差异，培养有个性的人。幸福体育应当使个体生命的独特性得到充分发挥，尊重其差异，使每个个体在原有的基础上都能得到完全自由的发展。

1.3 幸福体育应当关怀个体生命的超越性

联合国教科文组织的《教育——财富蕴藏其中》一书中提出："教

---

[1] 卢梭：《爱弥儿（上）》，商务印书馆，1996。

育的任务是毫无例外地使所有人的创造才能和创造潜力都能结出丰硕的果实",并强调"这目标比其他所有目标都重要"。[1]人的生命总在不断生成着新的生命,新的生命又总在不断生成新的意义,这些意义使人的发展永远具有创造性和超越性,使人永远处于生成、发展和超越之中。在传统的体育中,注重服从和模仿,这就限制了个体自我思考的积极性和能力。幸福体育要为个体创造力、想象力等方面的发展留有空间,提高他们参与体育的主动性、积极性,并激发创造性。

2. 关注人文

从哲学上讲,人文主义就是更关注人本身,关注人本身的存在超过物质的存在,关注人的精神层面超过关注人的物质需求,提倡"以人为本"。幸福体育就是要将现代人文精神贯穿于体育中,构建身心统一的体育,追求体育领域真、善、美的高度和谐统一。

1995年10月,日本爱知教育大学社会学家影山健先生在南京师范大学讲学时,介绍了他的Trops运动理论。[2]"Trops"是"Sports"的反写,意即对传统体育的反动。Trops运动理论有三个特征:一是谁都能从体育中获得快乐,二是共同创造,三是强调运动过程中人与自然的一体化。这实际上就是一种让体育回归人文,构建幸福体育的理念。

2.1 幸福体育应当树立"终身体育"思想

从个体角度来看,每个个体都应当树立"终身体育"的观念。所谓"终身体育",就是个体从儿童时代开始,就要培养体育运动爱好,养成经常参加体育锻炼的良好习惯,并且在体育锻炼的过程中逐渐掌握各种健身、育德、启智、养生等方面的知识和技能,不断陶冶情操、

---

[1] 联合国教科文组织:《教育——财富蕴藏其中》,教育科学出版社,1996。
[2] 刘次林:《幸福教育论》,人民教育出版社,2003,第143页。

净化心灵，从而最终有目的、有意识地坚持身体锻炼，热爱体育运动，塑造全面完美的生命人格，最终树立终身参与体育的观念。体育的基本功能是健身，同时，体育也是塑造人的形体美、心灵美的最好手段。个体的诸多优良品质，比如拼搏精神、团队协作精神、开拓进取精神等都能从具体的体育锻炼过程中潜移默化地形成，而这种形成远比单纯的说教要生动得多、深刻得多，这对个体的全面发展具有重要作用。

2.2 幸福体育应当坚持"全民健身"观念

从社会角度来看，随着现代社会的发展，人们对生活质量的追求不断提高，体育因直接关系个体的生命质量而不断受到重视。历史上体育被视为训练"头脑简单、四肢发达"的人的愚昧思想已一去不复返，"健康是最大财富"的观念已成为21世纪人类的共识。人们希冀通过体育锻炼强身健体、愉悦生活、融入社会，体育成为普通大众生活中的重要组成部分。中华人民共和国成立之初，毛主席就提出"发展体育运动，增强人民体质"的号召，时至今日，幸福体育应当是全体人民共同的福祉，全民健身运动应是惠及每一位社会成员、提高全民族身体素质、体现人们参与体育活动程度的重要标志。

3. 关心社会

体育作为人类社会生活的重要组成部分，与社会之间存在着千丝万缕的联系，关心社会应当是体育存在于社会的题中应有之义。随着我国经济的发展和人民主体意识的增强，体育运动逐步植根于社会，与社会的联系日益紧密，逐步成为影响社会发展、促进社会文明进步的重要因素。

3.1 幸福体育应当成为全人类交往的桥梁

体育运动是一种适合不同年龄、性别、民族、种族及不同阶层、文化背景的人共同欣赏和参与的高尚活动。全世界的人们在公平竞争、平等参与的平台之上尽展各自的运动天赋，在这一过程中，增进了彼此间的友谊，促进了相互的团结，从而为全世界的和平与繁荣做出了巨大贡献。

3.2 幸福体育促进了社会经济的发展

幸福体育使社会成员的身心都得到了巨大发展，个体作为劳动者的素质也相应大大提高，而每一位劳动者的身心素质又是决定社会经济发展的基本力量。因此，体育运动、劳动者素质提高、社会经济发展三者之间有着密切的因果关系。

3.3 幸福体育促进了社会精神文明的建设

幸福体育丰富了人们的生活，给人以美的享受，它是个体全面、自由、和谐发展的运动，也是个体人格和社会人格和谐统一的过程。在这一过程中，人与人之间、人与社会之间是协调发展的，人们在美的享受中感受到幸福体育的恩惠，从而促进社会精神文明的建设。

幸福是一个永恒的话题，古老而恒新，它既是历代思想家苦思冥想的问题，也是普通百姓关心的话题。体育运动作为人类生活的一部分，作为培养人、塑造人、成就人的活动，应当关涉人生幸福。我们应该构建一个关怀生命、关注人文、关心社会的幸福体育，让体育成为幸福的源泉，成为促进山西社会文明进步的重要因素。幸福体育必将在山西改革开放和经济社会发展的伟大征程中成为浓墨重彩的一笔。

后二青会时代对太原市城市品牌塑造的影响研究

张振龙　王超

太原理工大学体育学院

随着经济社会的不断发展，我国人口加速向城市聚集，各大城市间的竞争日益激烈。据2018年太原市政府发布的统计公报显示，2018年太原的城镇化率高达84.88%，名列省会城市前茅，但其城市品牌建设相对滞后，辐射范围仅仅局限在省内。青运会的前身是全国城市运动会，历来具有城市竞争和全国范围内的深刻影响。2019年二青会落户山西太原，既符合当前国家将山西作为资源型经济转型发展综合试验区的战略要求，也为推动山西中部城市群发展，打造太原城市品牌提供了强大的事件推动力。笔者依托山西承办二青会的大背景，分析其对太原市城市品牌各要素的影响，力求为太原市城市品牌的完善提供借鉴和参考。

1. 城市品牌的内涵及要素

品牌(brand)是市场营销学的概念，现代营销学之父菲利普·科特勒将其定义为：销售者向购买者长期提供的一组特定的特点、利益和服务。随着时间推移，品牌的内涵不断丰富，具备了识别、质量、价值表达、心理效用、文化象征、广告延伸等一系列功能。城市品牌是品牌的下位概念，由其概念及相关理论发展和延伸而来，本质上属于一种营销理念。

我国学者对城市品牌的概念认知绝大部分来自品牌概念及相关理论的衍生，如杜青龙等认为城市品牌与普通品牌一样，也具有识别、获得附加价值等基本品牌属性，是城市管理者利用所属城市具有的独特的要素禀赋、历史文化沉淀、产业优势等差别化品牌要素，向目标受众提供持续的、值得信赖的、有关联的特别承诺，以提高受众对城市的反应效用，增强城市的聚积效益、规模效益和辐射效应。可见，城市品牌不仅是城市整体形象和既定印象的综合，也是一个系统集成。

目前来看，我国学者对城市品牌要素的构成尚有争议，如张燚等指出城市品牌包括利益相关者关系、城市环境系统、著名支持性品牌、城市资源开发与利用4个组成要素。黄江松认为城市品牌包括政治、经济、先天、文化4个要素，并指出随着城市规模变大、功能丰富，品牌要素也呈现多元化。本文以2017年国家质检总局、国家标准委批准并发布的《品牌评价城市》国家标准为参照，通过对体育赛事、城市品牌以及二者的品牌联合战略相关文献进行梳理，提出城市品牌要素包括城市有形资产、无形资产、经济发展水平、产品质量与服务、文化底蕴5个要素。

2. 二青会筹备期间与太原市城市品牌要素的互动分析

2.1 城市基础设施建设

作为二青会的主赛区，太原赛区将承担60%以上的比赛任务，除对部分场馆进行改造维修外，将新建青运村，以及太原体育训练中心、太原网球中心、太原水上运动中心、滨河景区沙滩排球场、山西体育中心射击馆等场馆。此外，更多高质量的休闲娱乐场所和生活服务场所也投入使用，用以接待来自全国各地的青年运动员和观众游客。以晋源区为例，布局以长风文化商务区、晋阳湖及晋阳湖湿地公园、姚村新兴产业园区为核心的产业圈，同时因赛事效应吸引万科、保利、恒大、山投、当代等房产开发商在此布局开发，对区域整体发展的意义不言而喻。

在二青会筹备期间，太原市的交通网络发展迅速。首先是地铁2号线加快施工进度，已实现全线贯通，各项建设工作在有序进行中。同时，进一步优化公交运营线网，保障市民的安全出行、绿色出行，截至目前，太原市区运营的公交线路已达到208条。此外，对全市电动自行车采取分类分阶段管理措施，并规范销售环节的管理，禁止出售不符合国家标准的电动自行车。最后，不断完善城市街道功能，对老城区的机动车道、非机动车道、人行道、路牙以及配套设施进行综合整治，缓解道路拥挤和停车难等问题。可见，借助二青会举办契机，有效提升了居民的出行效率，改善了城市交通环境。

2.2 政府组织管理能力

大型赛事往往是对当地政府的规划发展能力、资源调配能力以及综合协调能力的巨大考验。只有综合考量，科学性、专业性地做好项目场馆的规划设计，才能最大限度地保证规划的合理性以及场馆使用的便利性。二青会是山西首次承办全国综合性赛事，对山西省来说既是经济发展的绝佳机遇，也是一次重大挑战。2016年11月，省政府便开始了二青会的前期筹备工作，积极地邀请了国家体育总局、福建省一青会的有关专家，围绕青运会筹备举行了专题辅导讲座，此外还专程赴天津，就天津筹备全运会的经验进行调研学习。同时，建立了省市联动、运转高效的工作机制，对政府内部各部门之间的关系进行了梳理，整合和协调各部门之间的关系，提升跨部门的协调运转能力。

在赛事运营上，始终坚持"政府引导、社会支持、市场运作、合作共赢"的思路，充分引入市场机制，充分发挥财政资金最大效益，积极调动社会资本、社会力量参与筹备工作，着力加强市场开发，带动相关产业快速发展。可见，山西省政府顺应赛事市场化、商业化的时代趋势，在行政过程中不断积累管理经验和教训，有效地提高自身的组织管理能力。

2.3 城市经济推动

大型赛事的举办不仅能促进投资需求和消费需求,还能促进赛事相关产业的发展。诸如促进了城市科学技术、建筑、交通、旅游、商业、通讯、传媒、工业、服务业等行业的发展。2017年天津全运会拓展市场开发的途径,创造了整体赢利的良好经济效益。在举办二青会上,山西省政府也特别强调要赛事市场化,通过成立专业平台公司负责市场开发,截至目前,赞助招商工作已经取得现金1.5亿元,非现金实物及服务2.5亿元,总金额达到4亿元。其中,已与二青会签约的企业有16家,初步达成赞助意向的有44家,共计60家。大量社会资本的入驻间接反映出近几年太原经济的迅速发展。

表1 太原近3年GDP总量及增速

时间（年）	GDP（亿元）	GDP 增速
2016	2985	8.3%
2017	3382.18	7.5%
2018	3884.48	9.2%

由表1得知,太原市GDP总量持续增加,增速稳定在7%以上,并高于全国平均水平。可见,二青会对太原市的经济带动是很明显的,一是吸引了大量资金为太原的发展提供了新的活力,二是对太原市产业结构的调整升级有积极作用。

2.4 城市旅游发展

近年来借着二青会的东风,太原倾力营造"唐风晋韵,锦绣太原"的城市形象,通过新媒体等信息传播手段,太原在全国的曝光度也急剧提升,旅游产业呈现出蓬勃发展的态势。据携程发布的2017年中国旅游者点评与幸福指数报告中的城市排名显示,太原以4.65分排名第九。

表2 太原市近3年旅游业发展统计汇总

时间（年）	旅游人数（万元）	旅游收入（亿元）
2016	5688.12	683.98
2017	6780.72	821.88
2018	8126.2	996

由表2可知，2017年太原市共接待游客同比增长19.2%，旅游收入同比增长20.2%。2018年，全市接待游客同比增长19.9%，旅游收入同比增长21.1%。由此可见，2019年二青会的举办，对太原市旅游业的发展发挥了积极的推动作用，可以判断随着赛事的日益临近，山西省的旅游业也将迎来更加快速的发展时期。

3. 后二青会塑造太原市城市品牌的路径

3.1 优化城市有形资产

太原市政府在保障二青会的顺利举办后，仍需立足经济发展的实际水平，结合城市的历史文化特色，科学合理规划城市的各项基础设施建设。同时，做好赛事后的场馆再利用和转型工作，分阶段地在全市范围内开展形式丰富多样的群众体育工作，拓展市民的纵向参与途径，增加区域体育基础设施的配备，完善现有场馆的全民健身功能。最后，抓住机遇吸引投资，继续提高城市硬件水平，为未来更多大型体育赛事的承办奠定坚实的硬件基础。

3.2 保护赛事无形资产

二青会是青年人的盛会，其口号"青春的约会，拼搏的舞台"和吉祥物"青青"无不彰显着青春活力。太原市政府应充分考虑二青会的无形赛事遗产的延续，将其与城市发展目标相结合。同时立足当地文化特色，凝练城市精神，寻找后二青会时代与城市精神文明建设的共鸣点，激发城市居民的主人翁意识和对太原的认同感，形成独具特色的大众体育理念，实现二青会与城市品牌的有效关联。最后还应逐步改变市民的生活方式和生活习惯，培养他们的健康意识，提高他们的身体素质，以持续发挥二青会对群众体育的积极效应。

3.3 丰富城市文化内涵

二青会蕴含着独特且丰富的文化内涵，它不仅继承了城市运动会推动城市体育事业的发展、培养优秀体育后备人才的内在要求，更符合新时期下调动青少年积极参与体育运动的时代趋势。赛事期间的文化印记并不会随着时间的推移而让人淡忘。相反，它们会以标识标志、地标建筑、文化符号的形式继续发挥着吸引游客参观的作用，成为丰富城市文化、塑造城市品牌的动力源泉。因而，要加大对二青会赛事品牌文化的继承发扬，为太原的城市文化赋予新的内涵。

3.4 完善城市服务体系

城市的服务水平直接影响和关系着城市形象和美誉度，赛事期间对城市的住宿、餐饮、交通运输等行业的压力尤为明显。因此还需加快赛事服务业的结构调整，使其能适应快速发展的消费需求，同时提高太原市的市场化和开放程度，积极推动"体育+"，加速催生本土体育品牌，从根本上完善赛事产业链，实现高质量的赛事服务。最后，太原市政府要充分发挥主导作用，广泛与省内高校展开合作，搭建校企合作的平台，以提供更优质高效的城市志愿者服务。

4. 防范后二青会时代的消极影响

4.1 财政负担

太原市现有城市发展水平相比近些年举办过全国综合性赛事的城市还存在较大差距。由表3可见：无论是人口，还是经济规模，太原市均远远低于举办一青会的福州、全运会的天津、青奥会的南京。

表3 近几年举办大型综合性赛事城市经济人口

城市	承办赛事	2018年GDP总量(亿元)	人口规模（万人）
太原	2019二青会	3884.48	442.14
福州	2015一青会	7856.81	774
天津	2017全运会	18809.64	1556
南京	2014青奥会	12820.40	821.61

全国综合性赛事对举办地的软硬件都有着较高的要求，如对财政、交通、治安、物价、环境等方面的压力。二青会主要资金由山西省人民政府负担，加上办赛经验相对缺乏，很容易出现难以预料的经济风险。此外，二青会结束后所带来的物价提升、赛后低谷效应等，都值得引起有关部门注意。

4.2 生态环境的破坏

大型体育赛事对环境的负面影响主要表现在三个方面：大型场馆设施以及配套基础设施的建设占用大量的土地资源；比赛本身的开展就会对当地植被、水和空气等造成污染和破坏；大量游客产生的垃圾、污水、废弃物等，往往造成环境难以逆转的严重破坏。二青会竞赛项目总计为49个大项1868个小项，有近60座竞赛场馆，赛事规模远超一青会，吸引10余万人群的参与。这对太原的城市生态环境提出了严峻的挑战，相关部门应优先考虑太原的环境承受能力和旅游接待能力，科学规划，合理控制人数，并及时处理各赛区的废弃物，降低负面影响。

4.3 居民生活幸福感降低

与青奥会、全运会相比，二青会在竞技水平、赛事规模规格等方面明显不足，这直接导致太原市市民对二青会的认可度较低，很难积极参与。不仅如此，二青会的筹办给居民的生活带来了诸多不便。如城区大量的工程建设和基础设施的改造等给周围居民的交通出行以及生活等带来的不便，部分居民因场馆建设被迫拆迁，大量人口的涌入造成交通堵塞，房价、物价上涨等。因此，政府要统筹协调，减少施工周期，稳定市场行情。同时关注当地居民的生存环境及生活品质，作为大型赛事重要利益相关者，当地居民支持与否极大程度影响着后二青会时代的社会效应和经济效应。

5. 结语

（1）二青会筹备期间和太原市城市品牌要素之间发生了良性互动，完善了城市基础设施建设，提升了政府组织管理能力，促进了区域经济发展，推动了城市旅游业的发展。

（2）后二青会时代可以通过优化城市有形资产、保护赛事无形资产、丰富城市文化内涵、完善城市服务体系的路径来塑造太原市城市品牌。

（3）注意防范规避后二青会时代的消极影响，诸如财政负担过大、生态环境破坏、居民生活幸福感下降。

参考文献

[1] 菲利普·科特勒,凯文·莱恩·凯勒,何佳讯. 营销管理(第15版)[M]. 上海：格致出版社,2016.

[2] 杜青龙,袁光才. 城市品牌定位理论与实证分析[J]. 西南交通大学学报(社会科学版),2004,5(6):105—108.

[3] 张燚,张锐. 城市品牌论[J]. 管理学报,2006,3(4):468.

[4] 黄江松. 塑造我国城市品牌的思考[J]. 湖北社会科学,2004(9).

[5] 包欣然. 试论承办重大体育赛事对城市发展的作用与挑战[J]. 呼伦贝尔学院学报,2017(4).

[6] 景益科,梁仁春,游丹. 浅析大型体育赛事对举办城市的影响[J]. 体育研究与教育,2009(2):36—38.

[7] 曹庆荣,雷军蓉.城市发展与大型体育赛事的举办[J].西安体育学院学报,2010,27(4).

[8] 杨蕾.我国城市主办大型体育赛事的负面影响及其应对策略[J].体育科研,2012,33(2):46—49.

二青盛会，三晋生辉

——二青会对山西的重要影响研究

刘俊蓉

山西省体育科学研究所

青运会是青年的大聚会，是青春的嘉年华，这里不仅有激烈的竞争，更有深厚的友谊。相聚三晋，青春不老。承办二青会，是全省人民的一件大事、盛事。2018年8月15日，国家体育总局青少司发布了《中华人民共和国第二届青年运动会竞赛规程总则》。《总则》中公布，二青会总计设置49个竞赛项目，规模空前。为民办赛，以人民为中心的办赛思想，真正让全省人民感受到二青会带来的变化，切实增强获得感和幸福感。节俭办赛，严格执行中央八项规定精神，接待工作、场馆建设、开闭幕式及火炬传递等大型活动都要严格执行相关规定。廉洁办赛，建立监督管理和约束机制，重点监督资金使用、大宗物品采购、市场开发、场馆建设等重大事项，做到公开透明、阳光作业。

第二届全国青年运动会是山西省第一次承办的全国综合性大型运动会，对于优化发展环境、展示城市形象、提升山西省知名度和美誉度、提高对外开放水平，具有十分重要的意义。举办二青会期间要引入市场机制，充分发挥财政资金最大效益，积极调动社会资本、社会力量参与筹备工作，着力加强市场开发，提升青运会品牌及相关无形资产价值，带动相关产业快速发展。要加强舆论宣传，营造浓厚氛围，凝聚全省力量，把二青会办成一届高质量、高水平、有特色、有影响的体育盛会。

但另一方面，在二青会过后，这些大力新建的场馆会不会浪费，或者说，这么大的投资和回报能不能成正比，值得深入研究与讨论。让我们一起期待太原能把握机遇，务实走好改革转型路，重塑晋商辉煌。当今，许多城市都把体育文化建设作为城市文化建设的重要组成部分，在城市中融入体育文化，从而提高城市形象、增强城市的吸引力和辐射带动力。山西是全国为数不多的没有承办过全国综合性运动会的省之一。举办二青会这样的体育盛事，实属难得。这势必会成为对外展示太原形象的一个契机。

1. 努力创建文明城市

2018年是太原市争取全国文明城市进入的第六个届期的第一年。在这一次评选中，太原市创建全国文明城市分为三个阶段：2018年为突出重点、基本达标阶段，2019年为提档升级、全面达标阶段，2020年为强基固本、全力冲刺阶段。

1.1 体育赛事能够有力地推动市容建设

在二青会筹备期间，太原市市民明显地感受到居住环境翻天覆地的变化，住在老城区的居民们尤为深刻：许多临街开放的店铺得到了治理，破墙开店（违法建房）的商户得以整改，砌墙恢复原貌。不仅仅背街小巷的环境乱象得到治理，还有老旧小区得以整改、集贸市场和占道经营的乱象得以改善、文明交通的推行……都是我们看得见的。我们自知和很多发达城市有很大差距。我们是在和我们的过去对比，以便更好地跟上全国发展的大浪潮。

1.2 体育赛事成为拉动旅游消费的重要方式

可以说在世界范围内，拉动旅游最好的方式就是体育赛事。二青会期间，山西各地市都有赛场。如果主办单位能够合理规划、巧妙利用，对当地旅游经济的影响是深远而广泛的，无疑将成为一个城市的旅游宣传名片。现如今，体育赛事对举办地旅游业的推动有目共睹，体育旅游业作为新兴产业已经成为体育产业的重要组成部分。"一千年历史看北京，三千年地下看陕西，五千年地上看山西"，这是山西人的自豪，也是山西近年来文化宣传最为响亮的口号。一提到来看古迹，去陕西是必须，去山西是顺带。我们从来不缺旅游资源，我们缺少的就是有效的宣传与包装。我们的优势在于旅游资源丰富且集中。在晋源区通过大项目带动、大集团运作、大文化支撑、大景区推动，整合晋祠、蒙山、太山、龙山、天龙山、晋阳湖、明太原县城、晋阳古城遗址等景区景点，形成"晋祠引领、四山映带、双城联璧、一湖点睛"的文化旅游新格局。城市名片做好了就是一道亮丽的风景线，旅游业也会随之蓬勃发展。

1.3 促进社会基建完善，改善生态环境

过去的太原城，空气脏，浓烟滚滚，到处尘土飞扬。而如今早就变了模样，无论你选择何种交通工具，从一进入太原开始，就能看到成片的绿色，近些年政府对太原环境的综合治理有了质的跨越。

长风商务区的设计师把汾河水引入基地形成汾溪，然后把平台整体抬升，形成了一个岛。从这里出发向西北、正西和西南三个方向发散出三条轴线，形成五个风格各异的功能区，分别是北部会展区，中部文化艺术博览区、行政会议中心区、南部商务办公区和西部行政办公区，五个功能区相互关联、相互照应，体现出系统功能的优化和放大。这里仍在飞速发展，长风商务区将以高起点的规划，成为未来城市的核心；以高标准的建设，形成三晋龙城的新标志；以完善的城市功能，为太原经济发展提供新动力。

2. 立足能源转型——山西转型综改示范区

多年来，山西省委、省政府对山西产业结构调整都极为重视，为了改变煤炭"一业独大"的经济结构，做出了许多努力，也取得了许多积极的进展。其中，最为核心的就是山西转型综改示范区的建立。

这是推进开发区改革创新的第一个突破口。

山西转型综改示范区整合太原、晋中两地，统一领导、统一规划、统一政策，形成一个主战场、太原晋中两个集团军协同作战的格局。通过体制创新，大力激发示范区发展活力。在整合8个园区现状规划区域的基础上，进一步向南北两翼扩展，打开示范区发展空间。抓住土地利用总体规划调整完善的契机，依法依规做好土地利用总体规划调整完善和永久基本农田划定工作。

3. 立足旅游休闲宜居会展——晋阳湖片区

无论是即将成为城市客厅的晋阳湖公园，还是周边的各种相关设施，都在大力建设中。自从2013年晋阳湖有了新定位之后，经过四五年的改造治理，已经大变样了："连片的村庄变新区""化肥厂变身工业遗址公园""太原最大湿地公园""华北地区最大的人工湖""明太原古县城蓄势待发"都成了这里的代名词。

晋阳湖片区也一度被太原市民和众房地产开发商视为太原最宜居的地方之一，优美的湖景、不断完善的生活配套等。二青会就像是一支"定心剂"，让这里依托"城市名片"和"青运会"的双轮驱动，逐步塑造新时代的传奇。

4. 城市转型大发展

太原想要从"山里大王"转变为国家的"中坚力量"，必不可少的一步就是"投资"。

2017年主要城市固定投资占GDP比的统计数据显示：31个城市中，固投占比超过80%的也有11个之多，占比低于30%的城市有北京、太原、广州、沈阳、上海、深圳、东莞7个城市。北上广深这4个城市已经过了投资拉动经济增长的时代了，是服务业的天下。而剩下的3个城市中，太原和沈阳出乎意料地出现在其中，原因却和北上广深完全不同，"地方没钱，民间没人愿意投资"便是这两个城市的标签。

贵阳作为一个新贵，屹立在列表首位，和我们山西一样"崇山峻岭，地势复杂"，但是能在转型的过程中吸引来众多创新相关的投资。大数据产业的落地，需要更多基础设施的投入，上半年贵阳的大数据相关产业的投资增长达91%，冠绝全国。

在高压力竞争下，要求我们一定要积极把握好一次次的契机，这样在今后"大露面"时才能吸引更多的投资，让他们关注山西，关注太原。二青会的含金量虽不能比肩奥运会之类的国际性比赛，但这样一场运动盛会，前后持续数月，带给城市的影响很长久。我相信太原一定能抓紧二青会的红利，或者换句话说，二青会对于城市发展的推动只是一小部分，还有更多的部分是会让太原越来越好的。

成功举办二青会，山西必须夯实城市基础设施，加快城市路网和公共交通体系建设，加大市容环境整治力度，在城市管理、交通组织、文明形象、市民素质等方面有质的提高。同时，山西还需加快发展体育产业、文化旅游业、会展经济等现代服务业，促进转型升级。每个举办城市，都要深入开展文明城市、文明单位创建活动，广泛开展志愿服务，展示山西人民文明礼貌、热情好客的良好形象和东道主风采。

5．带动经济发展的契机

太原市是本次二青会的主赛区，将举行开闭幕式，并承担60%以上的比赛任务，山西省其他10个市各承办一至两项比赛任务，一批体育场馆陆续开建，不仅会提升城市软实力，还会带动山西经济发展。

太原主赛区除对部分场馆进行改造维修外，将推进青运村建设，新建太原体育训练中心、太原网球中心、太原水上运动中心、滨河景区沙滩排球场、山西体育中心射击馆和国际体育交流中心，所有场馆设施建设确保在2018年12月31日前完成，接受验收并投入使用。青运村建设将按照居民高层住宅设计，政府与房地产企业合作建设，由政府提供土地，招标挂牌方式出让，开发商投资建设。建成后作为青运村先期使用，可满足9000余人的入住要求。二青会闭幕后面向社会销售，利润由开发商和政府分成。

目前，总投资 31 亿余元的汾河太原城区段治理美化三期工程已开工。完工后，汾河景观带不仅要向南延伸 12 公里，还会新增游船码头、休闲花园、沙滩排球场等特色景观。未来，结合太原市汾河景区南延工程，将新建一座达到国际标准的水上运动中心，既填补山西省无水上项目的空白，又满足二青会赛艇、皮划艇项目比赛需求。赛后用于太原市及全省水上运动项目专业队伍的训练，承办国际国内水上运动项目比赛，开展龙舟比赛等群众性水上体育活动。

这些场馆的陆续开建，无疑将促进当地经济和城市的发展。不仅如此，作为一座城市文化的标志和寓意深刻的人文性建筑物，体育场馆具有独特的文化特性，它促进了城市精神的提升、为社会创造更多的就业岗位，体育场馆凝聚和展示着城市的软实力。

体育产业的核心和基础是赛事，二青会等一批体育赛事落地山西，必然为山西体育产业的发展加码。各地政府需要做好充分的准备，除了建设良好的硬件设施外，还需要配套良好的软件——旅游营销、管理。赛事为宾馆、旅行社、饭店、饮食、旅游交通以及当地景区景点等众多行业提供了新的发展契机，同时也对旅游行业提出了更高的要求，这就促使旅游相关行业与赛事的深度合作，要对赛事进行精心的策划和组织，从而提高旅游的营销、管理和服务水平。

每座城市都拥有独特的历史与文化，历经岁月的积淀与洗礼，渐渐凝聚为城市的灵魂。体育作为城市文化的一个重要组成部分，无时无刻不对城市文化产生影响。体育赛事整合了办赛城市的各类文化资源，逐渐形成了体育赛事的文化品牌。山西应多方借鉴其他城市的先进经验，打造山西体育名片。作为后来者，希望二青会能够成为山西走向全国、走向世界的一张靓丽的体育名片。

后二青会时代山西休闲产业发展策略研究

于芳　张锐

中北大学体育学院

伴随着山西经济的腾飞，2019年山西首次承办了全国性、综合性体育盛会——二青会，开启了体育发展的新进程，具有里程碑的意义。"展现二青精彩，走向美好未来"是我们对二青会的展望，也势必会成为山西各产业发展的一个契机。山西位于中国华北，既是全国著名的"煤都"，也是文化名城，2018年全省常住人口达到3718.34万。2018年山西统计局数据显示，山西经济趋向利好，生产总值（GDP）增幅较大，年均增长6%，第三产业增加值达8988.3亿元，占GDP的53.44%，明显高于第一产业的4.4%和第二产业的42.1%，显示了产业增加值结构性的改变，高于全国的52.2%。休闲产业隶属于第三产业，涉及的行业范围涵盖旅游产业、文化产业、体育产业及娱乐产业等，产业间互相渗透，关联度高且能耗低，是山西经济增长的动力源头所在。山西所特有的文化资源、自然资源及地方特色饮食文化优势是休闲产业发展的基础，居民可用于最终消费支出和储蓄的总和的提高，以及各类消费支出在总费用支出中所占的比重发生了调整，加速了休闲产业的快速发展。休闲产业作为山西经济产业链中的重要一环，其发展状况非常重要，影响着山西经济的格局。二青会的举办为休闲产业发展提供重要契机，已有研究显示，像奥运会、世界杯等大型运动会的召开会对城市经济发展产生深远影响。那么，后二青会时代会对山西休闲产业未来发展和走向产生哪些影响,"如何优化山西省休闲产业的结构,加快休闲产业发展进程"是我们思考的重要问题。为此,本研究依据山西省2018年统计年鉴及相关政策法规,分析山西省休闲产业中旅游产业、文化产业及体育产业现状,明确优势突出问题,探索发展思路,为山西休闲产业发展提供借鉴。

1. 山西休闲产业发展现状及不足

现代消费者所具有的"休闲"观念是消费需求改变与升级的决定因素,而产业结构的优化与升级是满足人民休闲活动的必备条件。作为综合性的产业集群,休闲产业的经济形态是以旅游产业、文化产业、体育产业和娱乐产业为主体,以及相关产业群,类型多样,互相渗透,呈多元化特点。以下将重点考察旅游、文化及体育产业的基础条件、配套设施、产业收益等现状及不足之处。

1.1 旅游产业

山西旅游产业局势愈加增强,凭借山西所特有的旅游资源,消费规模上升趋势显著,但资本市场成绩表现一般,特别是外汇收入。山西省2018年统计年鉴显示,伴随交通、住宿、通信等基础条件的改善,山西国内旅游人数56073万人次,收入5338.61亿元,分别占全国的10.1%、10.4%;接待入境旅游人数67万人次,旅游外汇收入3.5亿美元,总计收入5360.2亿元。与前期相比,总收入显著增加,但如果与国家统计局所发布的数据相比较,入境旅游者和外汇收入差距很明显。2017年全国入境游客13948万人次,山西入境游客仅占全国入境游客的0.48%,而旅游外汇收入差距更大,山西仅占全国旅游外汇收入的0.28%。另外,山西旅游景点多而散,像五台山这种世界级的5A景点偏少,旅游品牌意识不强,宣传力度和宣传范围欠佳,配套建设和各种服务性设施以及大众运输依然存在不足,这些因素均影响旅游产业的进一步发展。

1.2 文化产业

《山西省文化产业发展规划纲要（2009-2015）》的提出，首次确立了"文化强省"的战略目标。文化产业在2015年有了质的飞跃，文化产业增加值上升为268.65亿元，增速超过全国同期，在全省GDP中比重为2.1%，是产业结构优化中的朝阳行业。近年来，伴随山西省博物馆、山西大剧院、山西科技馆等重点工程的建设和运行，山西文化产业基础设施在质上有所提升，但数量增加不太显著。山西省2018年统计年鉴显示，山西省博物馆、文化馆、公共图书馆数量分别为140座、131座和128座，其中博物馆数量增加较为明显，这可能与2015年的计数方式有关，允许民办和行业博物馆建设，但文化馆和公共图书馆数量与2010年相比仅增加1个和2个，且国有艺术团体较2010年减少了18个，仅为149个，要知道1978年国有艺术团体是147个。全省报纸出版量达到20.1亿份，各类杂志出版201种、2217万册，各类图书出版3517种、10899万册。全年生产故事影片24部，生产电视剧13部206集。单从影片和电视剧的数量和影响力来看，像《走西口》《乔家大院》等有影响力的片子非常稀少，影视作品原创能力不足，影响了文化传播力。除广播影视外，山西在网络新媒体、文化品牌打造、物质文化遗产展示等方面也需深入发展。

1.3 体育产业

消费水平和结构的转变为休闲体育市场的发展提供了无限的空间。2017年山西省政府为促进健身休闲产业发展，加强产业竞争力，出台了《关于加快健身休闲产业的实施意见》，明确指出健身休闲产业是体育产业的重要一环，对增强人民体质，减少医疗卫生压力意义重大。为此，政府对体育场地基础设施的投入有所提升，特别是二青会的举办。作为二青会的主赛区，除对体育系统、教育系统在原有设施基础上进行改造外，又新建了太原体育训练中心、太原网球中心、太原水上运动中心、滨河景区沙滩排球场、山西体育中心射击馆和国际体育交流中心等设施,相信这些设施在今后将给休闲体育发展提供良好的环境。山西省2018年统计年鉴显示,山西省体育场地共计26522个,人均体育场地面积1.29平方米。体育场地类型共有43个种类,其中位居前5位的依次是篮球场20619个(77.74%)、小运动场1743个(6.57%)、乒乓球房(馆)717个(2.7%)、门球场602个(2.27%),其余场地占比仅为10.72%。相比而言,室外体育场地数量显著高于室内场地,体育馆、室内游泳馆近几年虽有显著增加,但也仅有98个和163个,与3718.34万人口相对照,明显不足。从场地归属来看,与10年前相比,布局发生较大改变,隶属于其他系统的为18002个,占67.88%;教育系统占比显著下降,为7618个,占28.72%;体育系统902个,占3.4%。这可能与社会资本进入、企业及社区体育基础设施建设有关。此外,体育彩票销售点3104个,发行额达到349亿元。依托太行山峡谷的资源优势,开辟了著名的户外线路"太行十八缸",举办了四届山西国际攀岩节,并将攀岩正式列入二青会比赛项目,有效提升了山西的影响力。山西体育产业不足之处在于,一是山西体育基础设施数量和质量存在区域差异,依次为中部＞南部＞北部;二是体育系统和教育系统绝大多数大型体育场馆不对外开放,不能有效提高场地设施的利用率;三是类似于二青会这样高端、综合性的赛事不多,产业联动效应不显著。

2. 后二青会时代山西省休闲产业的发展策略

山西具有发展休闲产业的潜力和优势,作为历史文化名省,具有优质的文化资源、自然资源及本地独有的餐饮文化。在山西财力、物力的提高下,城镇居民人均可支配收入持续上涨,消费结构出现了重要的调整,"休闲"成为热点。在休闲产业快速发展的大形势下,后二青会时代山西休闲产业怎样发展,成为政府及管理层谈论的焦点。结合山西休闲产业的优势及不足,提出以下发展策略,希望为山西休闲产业发展提供借鉴。

2.1 突出山西地域特色，打造品牌旅游产品

休闲旅游产业是休闲产业中的资源基础型产业，"食、住、行、游、购、娱"不仅是其关键组成部分，而且是旅游产业的前提。山西拥有众多的历史文化遗迹，排名前列的是五台山、云冈石窟、平遥古城，享誉国内外。自然景观也非常突出，太行大峡谷、壶口瀑布、芦芽山等名列全国前列。我们应发挥山西文化景观和自然景观的优势，突出山西地域特殊性，打造出具有文化特色、品牌特色的旅游产品，将山西省特有的晋商文化、黄河文明融入其中，只有这样才能吸引和培育新的旅游者。同时，积极申请和建设国家5A级景区，邀请知名导演、演员拍摄山西文化、旅游宣传片及旅游探秘等节目，展示山西国际化形象。通过举办各种外事活动，招商、文化交流活动，吸引海外游客，将山西旅游推广出去。

2.2 加强基础设施建设，保证休闲设施的充分供给

山西省休闲产业发展尚处于初级阶段，旅游、文化及体育产业的基础设施建设与投资力度还不能与发达省份相比。政府应遵循"政府主导、社会参与、市场运作"加强相应基础设施建设，比如与休闲活动紧密结合的博物馆、文化馆、省市活动中心、体育健身场所、图书馆等公共设施，保证休闲设施的充分供给，以满足人民休闲需求。此外，引入社会资本，运用市场经济，增加营利性休闲设施和服务，弥补公共设施的不足。做到非营利和营利相结合，满足不同层次、不同消费人群的需求，扩大消费空间。同时，利用已有公共设施，申请和承办国内外赛事、文化博览会等高端活动，提升山西的国际形象。

2.3 构建和谐社会，提供特殊休闲

适当发展特殊休闲场所、建设特殊休闲场地等，为残疾人、儿童（特别是农村的儿童）、农民等群体提供休闲条件。有利于调整他们的心理状态，激发创造性，为社会的和谐发展提供有利条件。在培育和发

展休闲消费的热点过程中要避免盲目性，可以通过消费者需求调查，对休闲市场的发展动向进行预测和判断，缓和休闲需求和休闲供给之间不相适应的矛盾。这需要从政府与企业的双重努力入手。政府和社会福利部门应为普及残疾人健身活动增加投资，开发出更多的休闲产品，让社会福利真正落实到每一个人身上，让各个群体享受到休闲的快乐，提高他们生活的满意度。

2.4 加强休闲教育、改变休闲观念，培养休闲产业人才队伍

休闲产业为休闲消费者提供再学习再教育的积极休闲，同样，休闲产业中的服务和管理人员也要通过休闲产业来增强自己的业务水平和竞争力。对休闲行业的管理人员和服务人员的培训不仅可以培养他们的创新精神和提高他们的服务水平，还可以提高市民和游客对山西休闲行业的美誉度、满意度，这是休闲消费者重复休闲消费的基本条件。此外，依托山西传媒学校、山西大学艺术学院及中北大学艺术学院等高等学校，培养文艺、影视、广播等各类专业人才，通过政策引入知名导演及相关领域人才，排出更多具有国内外影响力的好片子，向全世界展示山西文化。

3. 结论

山西是全国最重要的煤炭基地，长久以来凭借煤炭的发展加强了本省的经济地位。然而在低碳经济的大环境下，优化产业结构成为未来发展的大趋势。调动一切力量发展休闲产业是转变经济发展方式的新机遇。在后二青会时代，我们应充分利用山西的区位优势、地域特色，打造品牌旅游产品；加强休闲基础设施建设，运用市场经济，增加营利性休闲设施和服务；转变休闲观念，培育休闲产业领军人才，促进山西休闲资源的合理开发与持久利用，加强山西省休闲产业的管理水平。

参考文献

[1] 陆和健. 上海资本家的最后十年[M]. 甘肃：甘肃人民出版社，2009.

[2] 南开大学金融系课题组. 发展休闲产业，打造休闲经济[J]. 金融管理与研究，2007(03):37.

[3] 曹建明，徐建磊. 举办体育赛事对城市经济的积极影响[J]. 现代经济信息，2017(07):10.

[4] 李磊，高爽. 后奥运时代我国休闲体育发展展望[J]. 经贸实践，2015(13).

[5] 许磊. 试论大型体育赛事举行与经济发展相关性研究[J]. 经济研究导刊，2017(03):50—51.

[6] 刘静. 甘肃省民族地区旅游精准扶贫研究[D]. 甘肃政法学院，2017.

[7] 满云山. 重庆文化产业培育成支柱性产业研究[D]. 重庆师范大学，2015.

[8] 王秀萍，刘业飞. 让重点工程靓丽现身[N]. 山西经济日报，2011.

[9] 刘伟. 基于市民体验效用的城市休闲企业区位管理研究[D]. 浙江财经学院，2011.

[10] 刘祥恒. 旅游产业融合机制与融合度研究[D]. 云南大学，2016,

[11] 郑晶晶. 山西省能源消费碳足迹及影响因素研究[D]. 山西财经大学，2015.

[12] 刘祺. 山西省休闲产业集群化发展研究[D]. 山西财经大学，2011.

[13] 王丽娅. 政府在吸引民间资本进入基础设施领域中的作用[J]. 金融与经济，2004(03):13—16.

二青会对山西体育产业的影响研究

杜文杰

山西省体育产业管理中心

1. 山西省体育产业发展基本情况

体育产业作为国民经济和"健康中国"的重要组成部分，作为满足人民对美好生活需求的绿色产业、民生产业、幸福产业、朝阳产业，在国家政策和省政府的支持下，正迎来一个黄金发展周期。2019年，借承办第二届全国青年运动会的契机，山西省体育产业有望成为新常态下推动山西经济转型升级的新的增长点，预计到2020年可完成320亿元的"十三五"规划目标任务。

表1 山西省近年来体育产业情况

年份	总产值（亿元）	增加值（亿元）	从业人员（人）	体育企业（个）	占同期GDP
2015	134.59	58.52	39698	2006	0.46%
2016	160.16	78.86	32884	1661	0.61%
2017	210.59	97.63	69445	3655	0.65%
2018	—	—	75712	5408	—

2017年山西省体育产业总产值（总规模）为210.59亿元，增加值为97.63亿元，占同期全省国民生产总值的比重为0.65%，呈现出以下

特点：一是社会资本投资体育产业热情高涨，二是体育健身休闲产业发展迅猛，三是体育品牌赛事不断涌现，四是体育用品制造业初具规模，五是航空运动产业快速发展，六是体育与旅游、文化、康养等产业不断融合发展，七是体育彩票销量连年创新高。根据全国体育产业名录库建设统计，山西省2018年体育企业及产业活动单位4892家，个体体育单位516家，其中游泳场所210家、漂流场所43家、滑雪场所35家、室内滑冰场5家。2017年，国家体育总局批准大同御河、晋中云竹湖、运城圣天湖创建国家运动休闲项目特色小镇；山西省体育产业集群业态获得首肯。但是，山西省体育产业在国民经济中的地位尚未真正确立，整体呈现"起步早、增长快、后发动力不足、局部有亮点"的发展特点，在全国排名靠后，处于中下游水平。

总体来说，山西省体育产业起步较早，总体不够发达，但发展速度快，发展潜力巨大。

2．山西省体育产业面临的形势和不足

2.1 面临的形势

党的十九大报告聚焦"人民对美好生活的向往"，提出要广泛开展全民健身运动，加快推进体育强国建设。习近平总书记高度重视体育工作，提出了一系列新理念新思想新观点，形成了习近平总书记关于体育的重要论述。在此背景下，体育产业作为幸福产业、健康产业、朝阳产业、绿色产业，完全契合"创新、协调、绿色、开放、共享"五大发展理念，是山西省经济转型发展的支柱产业之一，具有优质的外部环境和强劲的内生动力。在省委、省政府的大力支持下，在强有力的政策引导下，充分发挥体育产业的多元社会价值，促进体育产业步入高质量、高速度的发展轨道，为健康山西建设和经济新常态下转型发展提供有力支撑和持续动力。

2.2 当前的不足

当前山西省体育产业仍处于一种相对滞后的发展态势,产业发展氛围不够浓厚,市场主体不健全;产业发展规模较小,在全省地区生产总值中所占的比重偏低;为体育企业量身打造的政策支持力度不够,缺乏优惠扶持;各项税费优惠政策及配套措施尚未落实到位;体育服务供给水平不能完全满足群众的体育消费需求;体育产业布局不科学、结构不合理;体育产业法规不健全、管理不规范;体育产业资源配置的市场机制没有得到充分发挥;体育产业龙头企业数量不多,多元发展不足,体育产业集群效应升值空间有限。

3. 二青会对山西体育产业的影响

大型运动会需要众多体育竞赛场馆和配套设施,国际经验证明,筹办大型运动会特别是综合性的、国际性的运动会将显著提升主办城市的规划、建设和管理水平,以此来带动经济增长。对规模巨大的二青会进行长期、不间断的投入,能刺激举办城市经济的发展,满足举办城市发展经济的需求。山西省承办二青会不仅可以展示山西的精神风貌,还可以带动山西省体育产业的发展。

即将举办的第二届全国青年运动会,是山西省历史上首次举办的全国综合性大型体育赛事。山西省大部分城市都将承担比赛项目,二青会不仅仅是一场体育盛宴,更将对山西的经济产生巨大的影响。

3.1 对主办城市的影响

二青会60%以上的比赛被安排在太原市。太原市抓牢将全民健身上升为国家战略和二青会两大机遇,推动了体育特色化、社会化、专业化、市场化、法制化的体育"五化"建设,打造了"太原国际马拉松赛、龙城赛龙舟、全国篮球城市、汾河体育健身走廊"4张太原特色体育名片。

太原主赛区除对部分场馆进行改造维修外,将推进青运村建设,新建太原体育训练中心、太原网球中心、太原水上运动中心、滨河景区沙滩排球场、山西体育中心射击馆和国际体育交流中心。赛事的举办既可以为举办城市带来可观的经济收益，而且还能更好地促进城市之间的经济贸易活动，为城市民众提供更多的岗位以及改善赛事举办地区人民的生活质量，为提高城市关注度提供良好的契机。赛事准备和创办期间，政府会投入大量的资金用于改善城市的道路交通状况和环境绿化状况，为赛事的举办提供经济流通的环境，同时体育赛事产业的壮大还有利于打造城市的品牌效应，为城市的经济注入活力。

3.2 促进山西资源型经济结构的转型

二青会的举办将良好地促成这一格局的形成，体育产业属于朝阳产业、新兴服务业，通过举办赛事很好地带动太原的旅游、中介服务、竞赛表演、用品制造等，并促使一系列新型消费的产生，将积极推动山西传统型经济结构的转型，为经济发展注入活力。

3.3 将增加投资需求

承办大型体育赛事竞赛场地是必备条件，除了要新建和维护比赛场馆，还要保障相应的配套设施完善，如道路交通、城市绿化、供电供水等，需要向社会招商引资。竞赛环境也为商家提供了许多投资的平台，如赛事广告、二青会的宣传资料、媒体机构、赛事纪念品、冠名权限等都扩大了城市对投资的需求，进而拉动经济增长。

3.4 将促进山西体育旅游和服务业的发展

二青会秉承"体育+"和"+体育"的融合办赛理念，提出"赛在二青，游在山西"。充分发挥山西丰富的历史人文和自然山川资源，推出多个精品旅游线路。赛事举办期间，全国各地的游客齐聚山西，届时一定会有大量游客前往感受山西的特色景点，体验当地的民俗文化和三晋风光，届时必然会让体育旅游风生水起。只要有游客就伴有消费，商场、超市甚至便利店都是游客消费的场所，由此二青会对当地零售业也会产生极大的促进作用。

3.5 对体育场馆建设的推动

包括承办赛艇、皮划艇比赛的太原水上运动中心，承办网球比赛的太原市网球中心，承办射击比赛的山西体育中心射击馆，承办开闭幕式、田径、游泳等多个比赛大项的山西体育训练中心，国际体育交流中心，太原体育训练中心和滨河景区沙滩排球场等的建设，同时在滨河体育中心改造过程中配建青运会新闻中心。还有已经成功举办单板滑雪比赛的大同白登山滑雪场和阳曲小轮车、滑板赛场及足球赛场。除此之外，包括青运村及周边配套设施的建设。二青会比赛多个项目合理地分布在太原市各个区和高校当中，很好地布局了太原市体育场馆资源，为以后太原市各个区体育场馆运营的发展铺垫了良好的资源基础。可见，二青会对于太原市体育场馆设施的建设起到了极其有力的推动作用，为整个龙城打造出了一片欣欣向荣的城市景象。

3.6 对健身休闲服务业的推动

山西省要在2020年打造规模为190亿元的健身休闲产业"新天地"，助力山西在新时代下的转型发展。

3.6.1 增设公共体育服务设施

在新增场馆周围增设全民体育健身设施，以满足当地健身爱好者及居民的健身需要；建设了自行车跑道、健身步道等，让老百姓就近享受跑步、健步走和骑行的乐趣。多渠道提升体育场地的有效供应，从而为全民健身奠定基础。通过这些增加的体育设施来满足广大体育爱好者的休闲需求，进而提升健身休闲服务业的发展水平。

3.6.2 以竞技体育带动社会体育

在青运会筹备期间省筹委会通过各种方式宣传二青会"强健体魄，阳光生活，共享青运"的口号。目的是为了发挥竞技体育特殊的辐射效应，让竞技体育在人民群众中播下火种，从而形成一种开放办体育、社会办体育的良好态势，基于此态势，对现有运动项目进行改造，通过国家体育局等资源，打造出精品项目、高水平项目，进而夺得奥运会成绩。和社会广泛联系，形成社会办竞技体育的热潮，让社会体育为竞技体育提供更多资源和舞台，同时为社会经济做出更大的贡献。让太原市民在浓郁的体育文化熏陶中增强自身体质，爱上体育锻炼。使竞技体育的内涵更加丰厚、更贴近大众。

此外，借助二青会的发展契机还将推广露营、攀岩、骑行等精品山地户外运动；推动小型无人驾驶航空器、滑翔伞、体育类飞机等航空运动，打造航空品牌赛事；推动拉力赛、漂移赛等汽摩赛事，发展汽摩运动。

4. 结论和建议

大型体育赛事不仅带动、促进了办赛城市群体赛事、群众体育文化活动的开展，增强了民众的健康水平，还提高了城市的文明素质，增进了社会和谐，逐步改变着民众的生活方式和生活习惯，极大地拉动了体育产业、文化产业的发展，形成了举办城市文化核心竞争力。可以肯定的是，可观的经济效益定会随之而来，山西体育产业发展会再上一个新台阶。

但要注意的是，除了考虑赛事对城市发展带来的益处之外，在城市承办大型体育赛事时还要考虑到财政、场馆建设、赛事结束后场馆的维护费用等。

要进一步加强体育设施的建设，盘活现有的体育场馆资源，制订完善的场馆运营规划，充分利用高校体育场馆的资源，推进学校体育场馆面向社会开放，使体育场馆更好地为社会服务。

积极调动旅游部门和其他各职能部门的联动作用，如环保、园林、交通、市政部门等，创建完善的旅游服务和配套服务机制，提升旅游产品质量和旅游服务水平，促进体育赛事和体育旅游协同发展。

针对不同人群打造多功能、多层次、多样化的健身休闲产品，合理布局休闲健身资源，传承并发扬太原市传统健身项目，全方位培育健身休闲产业的复合型经营管理人才，打造太原市健身休闲服务精品工程。

引进或开发新兴体育竞赛项目，如打造航空体育品牌赛事、汽摩品牌赛事，学习国外知名赛事管理经验，在传统体育竞赛项目上提高办赛级别和赛事管理水平，拓宽私营企业、民营企业对体育竞赛、表演的投资市场和渠道。

在高校体育产业发展方面，加强高校体育人才培养，拓宽高校与社会企业的合作领域。依托高等院校、科研院所和职业技能培训机构，加强体育产业领域经营管理、资本运作、营销推广、研发设计等专业人才培养培训，努力在体育用品制造、赛事筹划、运动康复、电子竞技等方面打造高水平人才队伍。

参考文献

[1] 徐成立，刘买如，刘聪，等．国内外大型体育赛事与城市发展的研究述评[J]．上海体育学院学报，2011，35(4)：36—41．

[2] 卢臣．试论举办大型体育赛事打造城市品牌的策略[J]．新校园(上旬),2017 (12):175.

[3] 郭操．关于大型体育竞技赛事与举办城市发展的耦合研究[J]．当代体育科技,2017,7(33):214—215．

[4] 徐景锋．论体育赛事对举办地旅游的多维影响[J]．科技经济导刊,2017(29):93—95．

[5] 庞徐薇，高文倩，郑月平，等．上海大型体育赛事与城市旅游业互动的发展模式[J]．体育科研，2011，32(6):14—21．

[6]Wonyoung Kim,Ho Mun Jun,Matthew Walker,Dan Drane．Evaluating the perceived social impacts of hosting large-scale sport tourism events：Scale development and validation[J]．

Tourism Management,2015,48.

[7]许磊,侯选莉.第14届全运会对西安体育发展战略影响研究[J].西安体育学院学报,2017,34(05):558—562.

[8]汪轶群.举办国际体育赛事对提升黄山市城市形象的研究[D].安徽工程大学,2017.

[9]陶思言.大型体育赛事对提升传播武汉城市形象的策略研究[D].武汉体育学院,2017.

[10]杨强.体育旅游产业融合发展的动力与路径机制[J].体育学刊,2016,23(4):55—62.

第二届全国青年运动会对三晋全民健身可持续发展影响的研究

刘红星　严华瑾

山西省体育科学研究所

随着经济社会的快速发展，各个国家和地区之间的竞争变得更加激烈，人才培养也变得越来越重要。体育是当前人才培养中不可分割的重要部分，体育健身对于提高人才质量具有非常重要的作用，体育健身对于推动整个民族身体素质提升也具有良好的影响，引起了各国、各地区广泛关注。各国在遵循体育发展规律基础之上不断探索适合本国国情的大众体育发展战略，同时也制订了一系列健身计划。因此，制定全民健身可持续发展战略对于实现中华民族伟大复兴具有非常重要的作用，同时也适应了当前新时代发展要求。随着2019年8月8日第二届全国青年运动会在山西太原隆重召开，必然会进一步推动三晋全民健身运动可持续发展。

1. 全国青年运动会与全民健身概述

全国青年运动会每四年召开一届，其前身是在1988年创办的城市运动会，2013年正式更名为青年运动会，是我国奥运战略的重要组成部分。第一届青年运动会在福州市举办，第二届青年运动会在山西省太原市举办。第一届全国青年运动会共设有25个大项，28个分项以及301个小项。第二届全国青年运动会将设置49个大项，其中夏季项目37个、冬季项目5个、全能项目7个。第二届全国青年运动会比赛项目将分别在山西省 11 个市展开。二青会圣火在运城市芮城县西侯度遗址圣火公园采集后将沿运城、临汾、晋城、长治、晋中、阳泉、大同、朔州、忻州、吕梁、太原进行火炬传递，火炬传递对推动三晋各市、县、区全民健身的深入开展起到积极的作用。

全民健身主要是指中华民族不分男女老幼，各族人民为增强体质而开展的体育健身活动。全民健身旨在不断提高国民的身体素质和健康水平，我国将每年的 8 月 8 日定为全民健身日。

全国青年运动会与全民健身之间的关系非常重要，这不仅仅反映竞技体育在广大人民群众中的认知，同时也反映体育发展模式的选择。无论是全国青年运动会还是全民健身，都是展现人文精神的舞台，一个主要强调的是竞技体育，一个强调的是大众体育，两者之间具有融合趋势。

2. 三晋全民健身基本现状

"晋"是山西的简称，山西有着深厚的历史文化。春秋末年，韩国、赵国、魏国瓜分了晋国，即三家分晋，韩、赵、魏三国又被合称为"三晋"。三晋是世界人类文明的发源地之一，其地理位置优越，人才辈出，拥有丰富的煤炭、矿产资源，成为我国重要的资源基地。

2.1 三晋居民健身意识

在体育健身过程之中，正确的健身意识是人们参与的首要要素。但是当前山西省 11 个市居民健身意识并不够强烈，一些人认为健身锻炼仅仅属于中老年人的事情，自己年轻身强力壮并不需要进行锻炼。还有一些人认为，健身主要是通过打扑克或者玩麻将等娱乐活动来完成。还有一部分人认为是否参加锻炼对于身体都不会有太大影响，只要按时吃各种补药就能够健康。一些边远山区的农村居民甚至认为没有病就是健康，并不需要健身。

2.2 三晋居民参加体育锻炼的动因

对于山西人民而言，参加体育锻炼的重要原因就是强身健体，这说明当前很多市民已经认可健身对于强身健体的重要作用。除了强健体魄之外，还有一些居民认为健身主要用于社会交往、联络感情、健美体型，这也说明当前山西人民对于体育在调节身心、塑造形体美方面具有重要功效的认可，这也是山西省居民对于全民健身的新认知。

2.3 三晋居民健身的项目和内容选择的年龄、性别差异

当前，山西省居民参与的各种健身项目中，不同年龄段所采用的健身项目并不相同。目前，很多居民通过跑步或者散步等方式来进行健身，还有一部分市民通过广场舞、秧歌舞、武术、球类运动来健身。对于男性市民而言，他们追求竞争性的体育项目，而女性更加追求的是休闲娱乐性的项目，例如健美操、瑜伽等。

3. 全国青年运动会对三晋全民健身可持续发展的影响

当前，全国青年运动会的成功举办已经与举办地发展融为一体，太原市举办第二届全国青年运动会客观上也有助于推动整个山西省社会经济的发展，进而可以更好地推动三晋大地全民健身事业的蓬勃发展。

3.1 对三晋全民健身可持续发展内在因素的影响

3.1.1 引领体育健身服务模式转变

第二届全国青年运动会必将会使三晋人民受到一次体育的启蒙教育，使得广大三晋人民感受到体育运动为自身身体带来的健康，可以更好地促进三晋群众体育的可持续发展。与此同时，随着整个社会的快速发展，体育健身多元化需求已经开始呈现。因此，以满足公众需求为目的的全民健身服务体系也会发生转变，必然会随着健身者的需求变化而不断变化。随着第二届全国青年运动会在太原举行，山西省

健身事业也会快速发展,同时带动整个三晋大地社会效益和经济效益的大幅度提升。

3.1.2 全民健身人力资源更加完善

建立与我国市场经济相匹配的人事管理机制有助于促进人才流通,同时也是推动社会事业发展的关键所在。在我国人力资源开发模式中,由于受到计划经济体制因素的影响,当前体育人才培养和交流依旧存在一些障碍,例如运动员来源日渐枯竭、退役之后就业困难等。而在全民健身方面,由于缺乏足够的社会指导员,在很大程度上制约了当前全民健身快速发展。第二届全国青年运动会在太原召开,山西省将新增数千名社会体育指导员,同时各运动协会将不断加强全民健身工作进程,通过此次全国青年运动会可以弥补在大众体育和竞技体育之间投入的结构性缺陷,可以更好地推动整个三晋全民健身运动快速发展,实现竞技体育和全民健身之间人才交流的有序流动,为全民健身的可持续发展输送更多的专业人才。

3.1.3 全民健身基础设施跨越发展

随着第二届全国青年运动会在太原市举办,山西省加快了各种体育设施的建设。在第二届全国青年运动会中,山西省体育中心将成为运动会主会场,该中心位于山西省太原市,于2009年开工建设。该中心占地1238亩,投资16亿元,包含有6万个座位的主体育场、8000个座位的主体育馆、3000个座位的游泳跳水馆以及1500个座位的自行车馆和综合训练馆。该项目是当前整个山西省乃至全国范围内较为先进的体育设施。除了主体场馆之外,山西省11个市还陆续建设了体育中心射击馆、体育中心综合训练比赛馆、自行车公路赛道等一系列场馆,这些场馆的建设必将有助于第二届全国青年会运动结束之后三晋人民健身活动的开展。

3.2 对三晋全民健身可持续发展外在因素的影响

3.2.1 展示山西实力，振奋民族精神

第二届全国青年运动会在太原举办有助于向全国展示山西人民的精神面貌，同时在开幕式和比赛过程中会通过5G互联网技术对赛事进行直播，可以向全国人民展示良好的三晋形象，同时也可以更好地在全国范围内展示三晋人民运动快乐、奋斗幸福之精神。

3.2.2 全运会弘扬人文精神，促进社会和谐安定

第二届全国青年运动会弘扬的人文精神，不仅使人们可以更好地了解运动，同时也可以更好地了解举办地的社会、经济、文化建设。第二届全国青年运动会是全国范围内的体育盛会，在增进友谊、加强文明方面起到了独特的作用，山西省是我国中部重要的省份，地理优越、资源丰富、人才荟萃，应该在全民健身方面做出更大的贡献。山西可以借助第二届全国青年运动会的契机更好地推动全民健身运动的发展，向广大人民群众展示热爱体育、热爱运动的新形象，这也可以更好地促进我国各个省市之间的文化交流，有助于更好地推动我国体育强国的发展。

3.3 对三晋全民健身可持续发展文化因素的影响

随着第二届全国青年运动会在太原举行，三晋的硬件设施呈现出了飞速发展的状态。在硬件设施建设过程中，对于各种软件设施要求也会越来越高，对文化的要求也在不断提升。三晋具有悠久的历史文化，晋商文化源远流长，这也是当前三晋人民拥有的珍贵遗产。如何更好地使晋商文化焕发出新的活力，使得三晋人民的整体素质适应第二届全国青年运动会的要求，也是全国青年运动会需要解决的重要问题。因此，山西可以以社区、乡镇文化作为突破口，根据社区、乡镇居民结构和街道办功能，坚持以人为本思想，加强开展第二届全国青年运动会的宣传，同时做好各种便民服务，加强医疗健身活动的宣传，为实现全民参与

体育运动奠定良好的基础。

4. 全国青年运动会与全民健身可持续发展的基本对策

第一，以第二届全国青年运动会为契机，树立起全民健身的大社会观。大量事实证明，在健康生活方式中，健身对于人们的身体健康具有非常重要的意义。全民健身是一项复杂的系统性工程，需要社会各界通力合作。因此，三晋可以依托第二届全国青年运动会更好地在三晋大地树立起全民健身的大社会观，汇集社会各界的力量，形成全民健身的新格局，这样可以为第二届全国青年运动会造势，同时更有助于在人民群众心中树立起健身的理念，可以不断完善全民健身服务体系。

第二，充分依靠政府优势，推进全民健身和全国青年运动会的可持续发展制度构建，加强市场化运作。在推动全民健身过程中，我们需要坚持依法行政原则，根据当前法律法规以及规章制度建立起健全的法律体系，不断强化和监督各级政府对于全民健身的投入力度，同时还需要敦促各市、县、区政府不断改善本辖区内全民健身的条件，将其纳入对各级政府的考核之中，并将其纳入社会经济发展的规划之中，这样可以更好地保障全民健身服务体系的可持续发展，促进三晋人民形成坚持锻炼的良好习惯，从而使得三晋大地兴起一股全民健身的热潮。

第三，以第二届全国青年运动会为契机，形成竞技体育和全民健身相结合的可持续发展合力，推动体育事业全面繁荣。三晋需要充分发挥出第二届全国青年运动会的辐射效应，协调好各个群体之间的利益关系，合理规划第二届青年运动会的规章程序，切实解决单纯的金牌效益方法，这样才能更好地促进全民健身活动的有效开展。因此，我们需要不断加强和完善全民健身服务的评估体系，不断改变单纯以金牌或者分数作为衡量体育运动成绩的思想和做法，在全社会中形成正确的全民健身理念，使得人民群众的体质和金牌可以双丰收。

第四，以第二届全国青年运动会为契机，建立和完善全民健身服务体系绩效评估机制。为了更好地促进山西全民健身可持续发展，我们可以以绩效评估模式来做好各项评估工作。绩效评估主要是指政府组织或者是非营利的第三方组织，在履行公共责任过程之中，在内部管理和外部效应、经济效益和政治因素、感性规范和柔性机制相统一的基础之上进行评审界定。当前，许多西方国家政府并不会对体育组织进行直接的管理，而是通过不断完善评估机制来更好地规范各项组织的行为，达到本国体育发展的目标。对于我国而言，当前的全民健身服务体系评价机制明显落后，评估主要是以人数、活动次数、资金投入作为主要的参考指标，而对于各种时效性的指标考察的非常少，科学化的评估机制尚未建立。因此，三晋可以以本次全国青年运动会作为动力，多设置一些具有时效性的考核指标，这样才能更好地建立起科学的评估机制，推动全民健身的快速发展。

第五，以第二届全国青年运动会为发展机会，不断完善社会体育人才的培育模式。当前，很多竞技体育运动员在退役之后常常存在就业难的问题，甚至有些人员存在生活困难现象。为此三晋可以以本次全国青年运动会为契机，加快人才转化机制，尤其是探索如何将退役运动员更好地引入到全民健身的社会服务队伍中，使得这些受过专业训练的运动员可以更好地帮助人民群众进行体育锻炼，不断提高人民群众的身体素质。

综上所述，为了更好地推动全民健身的可持续发展，山西省要在三晋大地树立起全民健身的大社会观，同时还需要积极依靠政府的优势，加强市场化建设，形成竞技体育与全民健身相结合的可持续发展局面，不断完善全民健身服务体系的绩效评估机制，加快社会体育人才的培育模式转变，这样才能更好地推动三晋大地全民健身的可持续发展。

参考文献

[1] 邱世海."十二运"对辽宁省全民健身可持续发展影响研究[J].学理论,2013(36):93—94.

[2] 刘海通,肖璐.全民健身国家战略视阈下我国城市足球联赛的可持续发展研究[J].福建体育科技,2016,35(5):1—3.

[3] 张娜,薛锋.全民健身背景下健身气功的开展现状研究及分析——以太原市为例[J].体育科技文献通报,2018.

[4] 陈秀花,陆红.太原市全民健身场地设施管理及现状调查研究[J].当代体育科技,2015,5(31).

[5] 章悦,杨雨芹,王公泉.政府行为对于全民健身运动的影响——以南京市浦口区为例[J].经贸实践,2018(19):28—29.

新媒体语境下的二青会媒介运用与新闻报道探析[1]

赵国珍　李江　武荣荣

山西体育职业学院

从 20 世纪下半叶开始，随着计算机网络技术的发展，特别是移动互联网技术、数字技术等电子传播技术取得了突破性进步，以技术进步为基础，催生了新的传播媒介，形成了新的舆论生态。如数字杂志、数字报纸、触摸媒体、自媒体等媒介。自此，新闻传播取得革命性进步，人类进入了新媒体时代。

在新媒体时代，以往形成的固有的传统媒体组织结构和传播方式正在发生深刻变革，乃至被瓦解。因此，在当前的传媒语境下，我们有必要清醒且深刻地去认识与大数据、新技术相伴而生的新媒体，弄清其特点，掌握其规律，缕析其优劣，以应对网络时代的新挑战，开创舆论传播和引领的新途径、新方法。

1. 清醒认识新媒体，真正解决"是什么"的问题

站在历史的维度来看，新媒体是一个相对的概念，对于报纸，广播是新媒体；对于广播，电视是新媒体；对于电视，互联网又是新媒体。因此，截至目前，针对新媒体的定义还缺乏一个权威、清晰、准确、

---

[1]本文为山西省体育局科研课题"新媒体语境下的二青会新闻传播研究"（18TY114）阶段性研究成果。

统一的界定。

联合国教科文组织针对新媒体，曾将其定义为："以数字技术为基础，以网络为载体进行信息传播的媒介。"[1]在国内，清华大学新媒体研究中心主任熊澄宇教授则认为："新媒体是个相对的概念。今天的新媒体主要指：在计算机信息处理技术基础上产生和影响的媒体形态，包括在线的网络媒体和离线的其他数字媒体形式。"[2]

除此之外，针对新媒体，许多学者还持有各自的观点。但结合各方观点进行综合分析，可以得出，新媒体是一个相对的概念，是在报刊、广播、电视等传统媒体的基础上发展起来的新兴媒体形态。在这个媒体形态圈里，新媒体可以宽泛地包括所有数字化的传统媒体、网络媒体、移动端媒体、数字电视等。目前，这个形态主要是指以互联网技术、数字技术、移动通信技术为基础，向用户提供内容资讯、音频视频、数据服务以及在线教育等集成信息和娱乐服务的新兴媒体。

虽然，众多学者对于新媒体的概念缺乏统一定义，但是新媒体带来的两个核心改变却得到了大家的一致认可。而这两个核心改变也恰恰是新媒体给媒体生态带来的巨大影响：第一，传播媒介由传统媒介变成了基于互联网的新媒介；第二，传播者由权威媒介组织和媒介机构变成了所有的人。

正是基于这两个变化，新媒体传播表现出数字化、虚拟性、交互性乃至跨媒介性，而从这几个特性出发来研究新媒体对体育新闻报道和传播的影响，则清晰地发现它们比传统媒体有着独特的优势和超强的吸引力。

2．精准选择报道路径，彻底解决"怎么办"的问题

中华人民共和国成立以来，二青会是山西第一次承办如此大型的

---

[1]匡文波：《关于新媒体核心概念的厘清》，《新闻爱好者》2012年第19期。
[2]熊澄宇：《中国媒体走向跨界融合》，《北京青年报》2008年第8期。

综合性运动会,"是山西政治、经济、文化、社会的一件大事"[1],是山西和山西体育的一件大事,是山西各项事业发展的新契机。此前,山西省体育局党组书记、局长赵晓春在做客"人民体育"时明确表态:"这个比赛的申办、筹办和举办对山西的作用是非常巨大的。因为它是宣传山西,提高山西知名度、美誉度、影响力的一个非常重要的平台。"[2]

这样,摆在我们面前的关于二青会宣传报道的问题,就不仅仅是一个简单的体育赛事报道,而是对于山西整体形象、经济社会发展成果、地域文化特色的一次集中展示。

同时,传媒发展也进入了一个新的变革时代。2019年2月28日,中国互联网络信息中心(CNNIC)发布第43次《中国互联网络发展状况统计报告》。报告显示,截至2018年12月,我国网民规模为8.29亿,其中手机网民占比达98.6%,互联网普及率达59.6%。

综合以上因素,在新媒体时代背景下,二青会的宣传报道更具有了独特使命和重大意义。

那么,如何确保二青会新闻传播和媒介宣传的正确和高效,最大化展示赛事信息和组织能力呢?习近平总书记在视察《人民日报》时,曾明确指出,宣传报道要"坚持导向为魂、移动为先、内容为王、创新为要,在体制机制、政策措施、流程管理、人才技术等方面加快融合步伐,建立融合传播矩阵,打造融合产品"[3]。具体来讲,我们将结合最近几年对新媒体传播的研究体会和以往体育赛事报道积累的经验,在二青会的媒介传播和新闻传播上,提出如下创新性的尝试措施。

---

[1] 杨乔栋、赵晓春:《二青会是提高山西影响力的重要平台》,人民网2018年3月13日。

[2] 同上。

[3] 习近平:《加快推动媒体融合发展 构建全媒体传播格局》,求是网2019年3月15日。

2.1 新旧结合,实现媒体从相加向相融的过渡

习近平总书记曾深刻指出,传统媒体和新兴媒体不是取代关系,而是迭代关系;不是谁主谁次,而是此长彼长;不是谁强谁弱,而是优势互补。从目前情况看,我国媒体融合发展整体优势还没有充分发挥出来。要坚持一体化发展方向,加快从相加阶段迈向相融阶段,通过流程优化、平台再造,实现各种媒介资源、生产要素的有效整合,实现信息内容、技术应用、平台终端、管理手段的共融互通,催化融合质变,放大一体效能,打造一批具有强大影响力、竞争力的新型主流媒体。

二青会新闻报道显然是更新宣传理念、检验媒体融合的一次契机。必须明白,媒体融合不是各个媒体之间的生搬硬套和机械组合,而是围绕"导向为魂""内容为王"总目标进行的系统性、全局性调度和融汇,把各种媒体的优长和独有角度充分调动起来,全面利用起来,立体发挥出来,真正实现融合互通、共存共荣。

其实,从信息传播本身出发,新媒体和传统媒体并没有一定的界限,他们都是为传播目的服务的,共同追求传播效果的深化和完善。二青会作为传播对象,说到底还是体育赛事报道。在这场体育信息的传播盛宴中,电视以直播的形式,可以让观众在第一时间看到精彩激烈的比赛实况;报刊作为具有物质形态的阅读型媒体,可以对赛事进行台前幕后、背景资料、社会评价的综合呈现;电视和报刊互为融合,各自为战,可以完整呈现一场场的体育赛事,以最大限度地满足不同受众的不同需求。

新媒体是以新兴科学技术为基础兴起的,它本身的科技属性可以给观众提供赏心悦目和身临其境的感觉;它的快捷灵活可以让受众第一时间了解赛事、感受赛事;它的互动属性又可以让观众以参与者的身份进入到体育比赛过程中,体验运动的激情和快乐。新媒体突破了传统媒体相对单一的表现手法,运用大数据、VR等技术手段,集合动画、游戏、声音、文字、图像等元素,更加完美地呈现体育赛事的

精彩和魅力。

在这一方面，身为传统媒体的山西公共频道做出了有益尝试。作为二青会的主播机构，山西公共频道在做好电视报道的同时，也积极投身媒体融合，比如在圣火传递过程中，首次采用5G实现高清直播，并且采用AR虚拟前景技术、360° VR全景技术，通过全新的科技手段实时传递二青会所要表达的"青春的梦想与拼搏的力量"。同时，山西公共频道深耕短视频，在圣火采集仪式前推出小程序"二青会HUB"，将电视节目、二青资讯、短视频、小程序各自优势实现了无缝对接，利用新媒体实现多种形式的跨屏互动，借助新媒体拓展新闻节目的覆盖面与影响力，实现报道的实时性、全方位、立体化，让受众在获知二青会的资讯过程中感受到独一无二的新奇体验。

2.2 推拉结合，实现受众从被动向主动的过渡

在信息传播过程中，传统媒体采用的方式是同质化传播，它们把相同或类似的信息，毫无区别地"推"给受众。而新媒体的产生，带来的一个巨大变革就是信息传播的互动性，它改变了受众被动接收信息的方式，受众可以自己选择"拉"出信息。在信息的接收维度上，新媒体的互动属性提高了用户主动去选择信息的可能性和可行性，它使得主动化传播得到了体现，增强和优化了用户的体验。

刘雪梅、王泸生在其编著的《新媒体传播》一书中，就生动描绘了这样的场景：用户在阅读数字报刊时，可以随时发表自己的见解，提出补充或修改意见。也可以在观看视频时根据自己的时间安排和喜好，自由选择观看时间和方式。在观看体育赛事转播时，可以自由选择观看的角度（机位）和场面。另外，用户在计算机前可以主动地、不时地做出选择，发出指令，让计算机按照用户的意愿去工作。

我们在收获新媒体带来的传播体验时，还必须清醒认识到，新媒体也是一把双刃剑。面对受众海量信息的需求，它在便捷提供信息资源的同时，也意味着"把关"的减少。而传统媒体在这一方面的表现，

可谓是"训练有素",它自然形成一道严肃关口,对新闻事件进行筛选,而这恰是新媒体所欠缺的。因此,对于体育赛事,完全可以通过新媒体的互动属性,利用大数据揣摩和了解受众到底需要什么样的新闻讯息,需要什么类型的优质内容。只有当真正了解了受众的阅读期待和个性化需求,传统媒体和新媒体才能携手合作,适时进入,利用优秀的策划能力和采访实力,向读者提供有价值的、感兴趣的稀缺信息资讯,从而满足受众的阅读期待。

2.3 动静结合,实现内容从鲜活向深厚的过渡

如果将新媒体的互动属性归于其"动"的特性,那么在内容表达和呈现方式上,新媒体的长处也在于"动"。

随着 AR、5G 等新技术的应用,新媒体可以采用更为先进的方式进行全方位、无死角直播。在版面表达上,新媒体可以综合运用视频、图片、文字等形式,将其进行充分融合,以更为丰富多样、图文并茂的形式将信息进行传播。

相对新媒体的传播长处,传统媒体的特点可以概括为"静"。所谓"静",指传统媒体可以避开新媒体快速、高效的传播方式,发挥自己的专长,立足广度、挖掘深度,在传播内容上和新媒体有所区别。

单就二青会报道,传统媒体可以和新媒体进行充分融合,动静结合、合理分工、完美合作。在传播比赛信息、展现比赛现场上,新媒体可以发挥专长,以技术为王,充分展现体育精神;但在表现项目背景、文化厚度、项目渊源、队伍实力等其他方面,传统媒体可以进行深度报道,采用文字备注、相关链接等形式,以满足不同受众的信息需求,将二青会带来的影响力进行充分展示。

3. 积极应对舆情变化,适时解决网络暴力和舆论围殴问题

2019年5月4日,二青会实体火炬传递在芮城永乐宫拉开帷幕。作为二青会圣火回归三晋大地进行传递的第一棒,当天的起跑仪式意

义非凡。然而，有细心的网友发现，永乐宫属全国重点文物保护单位，网友质疑景区内现明火是否违规，并称古建筑历经风雨已经非常脆弱，对文物应该有敬畏之心。

舆情产生之后，相关部门并未及时做出回应。直至《人民日报·海外版》刊发措辞严厉的评论《在永乐宫点圣火，是耶非耶？》后，才有景区相关工作人员做出回应。

二青会作为一项重大的体育赛事，相关活动的一举一动都通过聚光灯暴露在大众的视角之下。从这次事件中，不难看出相关部门在应对网络舆情变化上，还存在着明显的短板和不足。这一点，恰恰是在随后的二青会新闻报道上应该加以重视和规避的地方。

在这里，涉及一个如何处理集群行为的问题。那么，什么是集群行为呢？美国社会学教授戴维·波普诺曾将此定义为"那些在相对自发的、无组织的和不稳定的情况下，因为某种普遍的影响和鼓舞而发生的行为"。依据此定义，我们可以将在网络上发生的舆论暴力和舆论围殴表述为网络集群行为。

与网络集群行为相伴而生的则是网络舆情的产生。因为网络集群行为凸显情绪化，相互争论呈现激烈化状态，其突出的群体属性、非理性化的冲动表达，无论对于网民还是对于社会，都存在着不小的危害。"网络是一把双刃剑，一张图、一段视频经由全媒体几个小时就能形成爆发式传播，对舆论场造成很大影响。这种影响力，用好了造福国家和人民，用不好就可能带来难以预见的危害。"[1]2019 年 1 月 25 日，中共中央政治局在人民日报社就全媒体时代和媒体融合发展举行第十二次集体学习，中共中央总书记习近平在主持学习时就曾明确地指出网络舆情带来的负面影响。

同时，在新媒体的发展过程中，也暴露出一些问题和弊端。以新

---

[1] 习近平：《加快推动媒体融合发展 构建全媒体传播格局》，求是网 2019 年 3 月 15 日。

媒体形态之一的自媒体为例，现如今，随着自媒体的兴起，似乎人人都有麦克风，人人都能当记者。"在这股自媒体的信息洪流中，我们面对的不只是各种信息、各种观点、各种分析，还有谣言、攻击、谩骂，以及各种鱼龙混杂的信息。一些自媒体从业者为了吸引流量，夺人眼球，追求10万+，用上了各种手段：有的编造内容，有的使用惊悚标题，有的抄袭别人的原创文章，有的甚至发布低俗、色情的内容，无所不用其极。"[1]

最近几年，随着网络舆情治理机制以及发言人制度的建立，政府相关部门在应对网络舆情方面虽然已经取得了长足的进步，但是仍显被动和滞后，仍处于摸索阶段却是不争的事实。

因此，在二青会的宣传报道上，"必须科学认识网络传播规律，提高用网治网水平，使互联网这个最大变量变成事业发展的最大增量"[2]，针对网络集群行为制订切实可行的对策和预案，以实现对网络舆情进行正确、有效和理性的消化和引导。

参考文献

[1] 戴维·波普诺. 社会学：下册[M]. 刘云德，王戈，译. 沈阳：辽宁人民出版社，1987.

[2] 刘雪梅，王泸生. 新媒体传播[M]. 广州：暨南大学出版社，2017.

[3] 唐嘉仪. 新媒体传播十问[M]. 北京：人民日报出版社，2017.

[4] 刘颖悟，汪丽. 媒介融合的概念界定与内涵解析[J]. 传媒，2012（1）：73—75.

[5] 李林容. 社交网络的特性及其发展趋势[J]. 新闻界，2010（5）.

---

[1]《焦点访谈》. 中央电视台2018年11月12日。

[2] 庄荣文：《科学认识网络传播规律 努力提高用网治网水平》，求是网2018年9月28日。

后二青会视域下西侯度圣火发"火"的人类学考察[1]

王冬慧　马苗　林辰宣

运城学院体育系　韩国又石大学

西侯度遗址地处黄河金三角的晋、陕、豫三省交界处，与华山隔黄河相望，是华夏黄河文明的发祥地，素有"五千年文化看运城"的美名，是人类世界的第一缕火光，也是世界重要的考古地点。恩格斯把火的使用作为人与动物的分界点，火的发现成为人类文明进步的重要标志，古老的钻木取火就是对古代文明的最好诠释。西侯度遗址成为人类用火的最早证明，西侯度文化与古中国黄河文明相互印证，既是对人类文明之火的褒奖，也为华夏文明的起源提供了强大的历史佐证。

1. 西侯度遗址圣火公园的演进脉络

2016年山西省政府提出以古中国为标识，以复兴古文化的"三个一"为口号的"一座都城、一堆圣火、一缕曙光"，其中"一堆圣火"就是将西侯度遗址作为圣火采集的活动选址，推进西侯度遗址的建设和开发，兴建西侯度文化展示馆、西侯度圣火公园、西侯度文化体验中心，将西侯度"人疙瘩岭"作为人类世界的第一缕火光。西侯度遗址作为

---

[1]教育部人文社会科学研究青年基金项目："民俗体育身体叙事的本土化转向研究"（19YJC890001）；山西省哲学社会科学规划课题："关公武术文化研究"（2018B149）；山西运城学院校级体育学科经费资助项目。

第二届全国青年运动会圣火采集点,是对华夏文明的歌颂和礼赞,也是对奋勇拼搏的体育精神的完美诠释。将古老的圣火文化与现代的青春不息,形成跨越时间与空间的历史重逢。运城作为华夏文明的发祥地,西侯度的文明之光自然成为二青会圣火采集的重要选择。西侯度借此提出了建设国家级体育赛事圣火采集点的目标,对圣火广场进行了创新性改造,以世界文明之光为口号,塑造世界性的古文化考古遗址,为后二青会西侯度圣火公园保驾护航。

火广场从叙事结构上分为"火的发现""火的礼仪""火的驯服"三个部分,用空间体验来追思从圣火降临人间到人类文明启程的过程,既契合了二青会圣火采集和传递仪式的流程,也是在人疙瘩岭上饱览自然风光、抒发历史情怀的时空建构。人疙瘩岭不仅仅守卫着西侯度遗址,也是见证黄河文明的所在。因此,将这里作为圣火采集点,打造的不仅仅是中华文明的标识,也是世界文明的里程碑。

表1 西侯度遗址圣火公园建设开发

主题	改进提升思路	圣火的文化意蕴
火的发现	天人合一的洞穴式陈列厅构造,将取火台融为一体	西侯度遗产展览馆采用洞穴形式的构造,充分展现了古老的西侯度文明,以及西侯度的文明之火,让游客感受到圣火的力量、激情、梦想
火的礼仪	巧妙利用圣火广场的墙垛材料,将点火台与看台环抱	西侯度的点火台与周围的山地梯田错落有致,使孤立的点火台与周围看台融为一体,分层次地架构起时间与空间的文化桥梁和仪式感
火的驯服	处理和平整工程垃圾场地,并种植核桃树等植物景观	巷道的设计蜿蜒曲折,将圣火指引于未来的探索方向,结合栈道形成迷宫般的探索道路,指引着人类探索圣火、教化圣火、驯服圣火的旅程

2. 西侯度遗址圣火公园的历史、现实与未来

2.1 历史的镜像：文明之光折射出古老淳朴的生活方式

西侯度遗址位于山西省芮城县境内，地处黄河金三角的拐角处，是中华文明的发祥地之一。从1961年开始，一批又一批考古学家先后对西侯度遗址进行挖掘，最早的是王建教授团队发掘了大量的古脊椎动物化石；1978年贾兰坡教授的《西侯度——山西更新世早期古文化遗址》，从西侯度文化的视角，确立了西侯度为中国大陆人类最早的发源地。通过专家的论证以及出土的鱼类化石，折射出西侯度优越的历史自然环境，为人类繁衍生息提供了重要的社会环境。尤其是火烧骨的发现，诠释了西侯度人类文明之光的历史佐证。

山西芮城西侯度遗址的发掘，将人类用火的证明往前推进了180万年。通过对火烧骨的发掘，以及西侯度地理环境、地质变迁、人文环境以及历史遗迹的挖掘和开发，并通过国内国际学者和专家的一致认同，最终确定西侯度遗址是中国境内目前发现的最早的旧石器时代文化遗产。1961年开始，国内外考古学者和专家陆续对西侯度遗址进行了探索和挖掘，尤其是山西省博物馆研究员多次对西侯度遗址进行了大量的勘察和挖掘，并挖掘出一系列的人类文化遗产。人类文明的第一把圣火由西侯度点燃，从黄河孕育继而传播到全国，1988年被国务院列为全国重点文物保护单位。西侯度遗址的发掘，唤醒了沉睡的用火记忆，通过黄河岸边远古的印痕，重新梳理出古人类通向文明的荣光。

2.2 现实的归属：奥运圣火传递的文化与旅游营销反思

2016年由山西省委宣传部和山西省文化厅，以及运城市政府主办的以"文化、旅游、商贸"为主题，以"西侯度遗址火种采集仪式"为特色的文化旅游商贸活动在芮城西侯度隆重举行，西侯度遗址的场馆建设坚持保护与开发并举，彰显文明之光的唯一性，重新规划和开

发四个不同的功能区，主要有文化遗产保护区、博物馆区、休闲文化体验区、火种采集和点燃区等。并通过全国征集西侯度遗址 LOGO 以及西侯度主题歌曲《西侯度·火之魂》。西侯度遗址通过场景再现，展现考古学者历史挖掘的场景以及远古人民古老的生活方式；通过多媒体展示，感知厚重的西侯度历史文化；通过体验式参与考古互动游戏，让游客融入西侯度的历史角色。

火种采集仪式主要分为三个部分，火之源、火之颂、火之魂。仪式以"一堆圣火·文明之源"为主题，将奥运圣火采集仪式的方法，创造性地嫁接到西侯度圣火采集的环节中来，彰显其厚重的历史文化内涵以及神圣的文明之光。火种的采集主要由一名白衣少女和三名辅助少女完成，至天火台用凹镜迎取天火，共同完成西侯度圣火的采集；圣火的点燃由先前的"白衣圣女"执行，其余 17 名"白衣圣女"依次排列，共同营造出圣火的庄严肃静，同时合唱团共同演绎《西侯度·火之魂》主题曲；火炬的传递则是由三位主要领导依次进行，并由西侯度的形象代言人作为第四棒开启西侯度圣火的运城传递之路。从西侯度圣火公园出发，途经芮城全境以及各个旅游景区，最后到达运城市关帝庙、盐池、舜帝陵等景区，火炬传递由地方政要、文化名人、西侯度村民等 27 名火炬手和 54 名护炬手完成。

2.3 未来的感召：二青会圣火采集带给西侯度无限遐想

2019 年 3 月 28 日，第二届全国青年运动会圣火采集仪式在山西省运城市芮城县西侯度遗址举行。采火仪式由 20 对青年男女完成，采火少女由山西籍国家体操运动员张豆豆担任，二青会采火仪式是模拟古代人的生活方式，在一线天洞内采集火种，火种采集过程简约圣洁，诠释了"开天辟地，薪火相传"的时代内涵，践行天人合一的行为实践标准。伴随着火种采集的河东鼓乐和黄河之魂，以及在 6 名"白衣圣女"的陪同下，火炬手点燃了二青会圣火盆，标志着二青会开启了山西时间，古老的文明之光与青春之火交相辉映，展现了新时代和新青年的体育精神和未来追求。

火炬作为圣火传递的载体，寄托了地方浓厚的历史文化与现代元素。二青会火炬称为"山河"，将山西的地域特征与地理环境融为一体，青山绿水般的整体构造，表达了青春与活力的象征，预示着实现体育强国与文化软实力建设的伟大进步。火炬的传递更是别出心裁，微信小程序的网络火炬传递成为新时代的标杆。网络火炬采用现场 VR 技术，结合扫一扫功能，以钻木取火的古老方式，创意性地点燃圣火火炬，让参与者感受火炬传递的魅力。火种采集现场主要有 6 棒火炬传递，第二棒采用高山速降的方式，将千百年厚重的断代地层遗迹展现给世界，彰显了人类探索未知，寻求光明的强大力量。

3. 后二青会时代西侯度圣火的"火"之道

3.1 "文化+"视角下的"火"之圣

西侯度遗址作为世界文明之光、华夏文明的发祥地，蕴藏着丰富的历史文化遗产。以古中国为标识的西侯度文化，诠释了厚重悠久的河东大地。古老的西侯度人民，用知识和智慧谱写了绚烂的火光文明，推动了人类文明的发展与进步。伴随着西侯度遗址的发掘、保护和开发，西侯度灿烂的历史文化得以重见天日，彰显了西侯度文明的"火"力。中华文化从这里萌芽，世界之光从这里绽放，随着二青会的圣火采集，西侯度遗址和西侯度文化已经出现在世界荧屏，取火台、一线天、点火台、观景台等成为西侯度景区的热点，促进了西侯度景区的旅游发展。西侯度博物馆作为西侯度遗址文化的重要陈列地，也是向游客展示西侯度文化的重要窗口，通过多媒体的方式与古老的西侯度文化进行互动。运城市作为全国文物最多的地级市，具有丰富的历史文化资源，通过圣火传递的方式，将运城市旅游景区和历史文化相融合，推进后二青会时代西侯度的圣火再造，让西侯度圣火串联起河东大地古老的历史文化，打造以古中国为标识的人类圣火之光。

3.2 "旅游+"视角下的"火"之游

随着二青会圣火的采集、点燃和火炬传递，西侯度景区成为圣火营销的典范，西侯度旅游成为休闲旅游的新坐标，为西侯度景区的建设和开发注入新的活力。随着乡村旅游和全域旅游的发展，西侯度作为乡村旅游的示范工程，为全域旅游彰显时代智慧。西侯度遗址作为静态的文化遗产，结合旅游动态行为，创新区域旅游发展线路和旅游外延，以旅游的方式参与和感受西侯度的文明之光。运城市作为文化旅游发展大市，根据各个景区的地理位置分布，创新旅游发展线路，打造国际范的旅游发展之路。自驾游作为当今重要的旅游方式，逐渐成为社会大众旅游休闲的重要方式。以自驾游协会为主体，构建以古中国为标识的自驾游旅游线路，形成自驾游通关文牒，推进文化旅游模式的创新发展。随着后二青会时代的到来，西侯度圣火公园的文化传承才刚刚开始，打造以古中国为标识的文化旅游综合体，推进西侯度文化旅游与全区域旅游的高度融合，开创了西侯度的旅游圣火之路，为西侯度文化旅游增添激情和活力。

3.3 "体育+"视角下的"火"之赛

第二届全国青年运动会作为全国青少年竞赛的舞台，也是山西省首次举办的全国性大赛，赛事的权威性不言而喻。作为赛事的开端和导火索，圣火的采集显得尤其重要。西侯度圣火公园作为二青会圣火采集的场所，不仅让西侯度遗址通过荧幕走进千家万户，更是将西侯度文化和古中国文明展现给全国人民。通过多媒体、自媒体与其他媒体的文化传播，架构起西侯度圣火与全国运动健儿的纽带，象征着青春的约会与拼搏的梦想舞台。西侯度圣火公园的建设和开发，凝聚了全国人民的智慧和力量，并将西侯度圣火公园打造成全国性的圣火采集点。随着全民健身战略的实施，全国性体育赛事如雨后春笋，在健康中国战略的指引下，彰显了体育促进健康生活与体育服务健身的理念。后二青会时代西侯度的圣火文明才刚刚点燃，西侯度的圣火文化通过体育赛事的魅力得以绽放，体育必定为西侯度圣火文化的传承与发展提供方向，推进西侯度体育赛事的深度开发与体育旅游线路的多元化融入，开辟西侯度圣火文化论坛等。

4．小结

西侯度遗址的发掘，为二青会圣火采集和传递提供了现实基础。二青会的举办也将西侯度遗址、西侯度文化、西侯度乡村带上了荧屏，让全国人民认知西侯度、了解西侯度圣火起源以及文明之光。两者相互融合，共同演绎了青春与拼搏的圣火情缘。二青会是一次全国性的体育赛事，为地方经济发展、文化传承与全民健身点燃了导火索，如何发挥其应有的经济成效，如何让圣火成为后二青会时代西侯度的一张文化名片，如何让西侯度成为全国体育赛事的火种采集点，这些都是课题研究者需要继续深入研究的重要课题。

参考文献

[1]约翰·古德斯布洛姆．火与文明[M]．乔修峰译．广州：花城出版社，2006：16．

[2]彭兆荣．人类学仪式的理论与实践[M]．北京：民族出版社，2007：18．

[3]杨其虎．论奥运圣火的伦理符号价值[J]．体育与科学，2010，31(06)：61—63．

[4]王成，田雨普．奥林匹克圣火传递的历史追溯与解读[J]．首都体育学院学报，2009，21(04)：440—445．

[5]曹展，孙春艳．奥运会圣火传递仪式的价值理论与实践探析[J]．武汉体育学院学报，2009，43(05)：22—25．

二青会与三晋传统体育文化的互融研究

刘敏　万三清

山西大学体育学院

前言

青运会全称"全国青年运动会",是国内举办的四年一届的大型综合性体育赛事。第二届全国青年运动会(以下简称"二青会")将于 2019 年 8 月在山西举办,太原作为主办城市扮演着组织与管理运行赛事的重要角色。二青会的举办,为三晋传统体育文化的传承与弘扬起到关键的宣传作用。同时,三晋传统体育文化自身的魅力与内涵也将为二青会的顺利举办赋予新的品位与更高的水平,营造独具特色的人文环境。山西太原审时度势,面对如此复杂多变的环境,抓住这一珍贵的机会,结合三晋传统体育文化,运用最适合的方式方法,做出最有前瞻性的选择和工作,把二青会的市场作用发挥到最大,从而对山西综合实力的发展做出贡献。

1. 研究对象及方法

1.1 研究对象

将二青会与三晋传统体育文化的互融作为本文的研究对象。

1.2 研究方法

1.2.1 文献资料法

本论文运用文献资料法进行研究，借助中国知网数据库、百度学术、山西省图书馆、山西大学图书馆、太原市图书馆，检索"青年运动会""奥运会""全运会""体育赛事""三晋传统体育文化""互融"等关键词语，查找有关的文献资料，对文献资料进行研读、筛选，选择对本文有用的内容进行分析、概括和总结。

1.2.2 专家访谈法

在二青会筹备委员会实习工作8个月，其间，对山西省体育局、太原市体育局、二青会筹备委员会各部门专家进行访谈并做记录，对获取的信息进行整理、研究和分析。

1.2.3 实地调研法

为了获取前沿的第一手信息和资讯，在第二届全国青年运动会筹备委员会实习期间，与筹委会专家进行交流，了解场馆的信息及各种大型活动的确定过程，亲身经历其中，令我对三晋传统体育文化有了更加深刻的认识。

1.2.4 数理统计法

对调查内容进行整理和逻辑分析。利用该法的三个步骤：发现、分析、解决相关问题，在理论的基础上，加以实践分析。

2. 研究结果与分析

2.1 三晋传统体育文化的界定

针对三晋传统体育文化这一名词的界定，目前学者未做出统一解释。参考相关文献、书籍总结得出：对于山西地区的传统体育文化，可按照一定的地理位置划分进行阐述，其中能够代表地方特色的体育运动有：晋北摔跤、晋中武术、晋南民俗体育。

2.2 二青会与三晋传统体育文化互融的可能性

1896年，第一届奥林匹克运动会举办，在100多年的发展过程中，它已不单单是一场简单的身体之间的碰撞、经济之间的交流、政治层面的合作，更是区域文化间的一场盛大交融。体育文化在此过程中，承担重要角色的同时，作为能够流传至今的一种独特文化，其自身一直有着很多的优秀特质。二青会与体育文化，体育文化与当地传统特色皆有丰富的内在联系。

2.3 二青会与三晋传统体育文化互融的必然性

从本质属性来看，体育是一种社会文化现象，它是体育教育、体育文化和体育精神的统一，是社会文化上层建筑的主要部分。随着社会发展程度的日益提高，大众对身体健康、身形健美、机能良好等方面关注度的日益增强，使之对体育赛事的物质性需求和体育文化的精神性需求与日俱增。二青会的举办提供了良好的契机，运动员激烈的比拼角逐，体育赛事的精彩呈现，竞技运动带来的精神快感，融于二青会的各个环节之中，为大众带来精彩的视觉盛宴。同时三晋传统体育文化的融入能够为赛事加入更加丰富的内涵。

2.4 二青会与三晋传统体育文化互融的实施策略

2.4.1 二青会在项目设置上与三晋传统体育文化的互融

2.4.1.1 摔跤项目的新增

摔跤项目，起源于山西晋北地区，作为中国传统体育项目的同时，也是山西地方独具特色的传统项目。在历史的发展中，摔跤这一活动，处于不同的朝代，拥有不一样的称谓。但本质上，这一运动形式从未改变，一直流传至今，在人类的发展中发挥了重要的作用。二青会上摔跤项目的新增，在代表中国传统民族文化的同时，也代表着晋北边塞文化的传承，充分表现出了三晋文化的民族融合性，直观地解释了三晋传统体育文化的内涵与形式；同时，摔跤项目在二青会上的亮相，必将让更多的人认识摔跤、了解摔跤，欣赏到摔跤独特的魅力，赋予摔跤更加有生命力的发展空间。

2.4.1.2 武术项目的新增

说起三晋文化，晋商文化实为其中重要的一部分。"天下第一票号""汇通天下"被许多人耳熟能详，其中扮演主角的无疑是晋商。"三大商帮"之一的晋商是在明清时期出现，主要经营盐业、票号等商业的群体，尤其以票号最为出名，他们覆盖范围广阔，有组织、有号召力。其与武术之间直接的利益关系共同呈现出了一幅相互依存的画面。现在，二青会上新增武术项目，代表中国传统民族文化的同时，也代表着晋中地区晋商文化的传承，全国乃至全世界的目光聚集于武术文化，为弘扬和传承三晋体育文化提供了丰富有效的载体；同时，武术在二青会上的加入丰富了二青会项目种类，确定了武术的地位，为武术文化日后的发展提供极大的推动力。

2.4.2 二青会在场馆设置上与三晋传统体育文化的互融

山西省为了举办二青会，11个市全力合作。太原市作为主赛区，承办16个大项的比赛项目，因此，本文对太原市3个具有代表性的场馆进行了深入了解。其他市作为协办城市，全力配合。

2.4.2.1 山西体育中心场馆建设

山西体育中心作为省级体育场馆、二青会的重要场馆，承担着开幕式、闭幕式、田径、场地自行车、游泳、跳水、射击、体操项目的举办。其设计灵感来源于三晋文化的深厚底蕴，汲取了三晋地区大鼓、灯笼、剪纸的文化特色，展现了山西人民忠厚老实的性格特点，表达了内敛憨厚的质朴气质。加上现代建筑阳光板的设计理念，共同彰显了体育青春向上、朝气蓬勃的内涵。

2.4.2.2 滨河体育中心的建设

滨河体育中心在二青会赛事的举办中，将承担乒乓球及举重项目的比赛。作为20世纪末，太原市建成的全省第一座市级综合体育场馆，近期翻修后，科技感十足，融入了很多现代潮流的元素。银白色墙体、多边形金属感，宛如一架等待起飞的飞机。独特的工艺使墙壁看起来闪闪发亮，晚上在灯光的照射下，呈现出星星点点、浩如烟海、璀璨鲜明的效果。作为太原全新的亮眼地标，装饰着三晋城市，增添了一份酷炫的现代气息。

2.4.2.3 奥申体育森林公园的建设

太原奥申体育森林公园足球赛场，是太原市原第一热电厂废弃的粉煤灰堆场通过治理改造而成。建成后焕然一新，成为4个广阔平坦的标准足球场，并且是山西目前最大的一块比赛场地。该场地海拔较高，气候舒适，为运动员参加足球赛事提供良好的环境条件。绿色环保的理念与二青会的举办相契合，让"绿色"赛事成为引领大众践行爱护环境、建设和谐家园行动的有效动力。

2.4.3 大型活动与三晋传统体育文化的互融

大型活动是一项有目的、有计划、有步骤地组织众多人参与的社会协调活动。[1]二青会的大型活动主要包括火炬传递，会徽、会标、吉祥物神秘揭幕与展示，开幕式、闭幕式等活动。开展这种活动，优势有两点：一是树立赛事团结一致、群策群力、合作奋斗的积极形象，展示团结和谐的办赛理念；二是加强赛事活动的影响力，强化和公众之间的沟通，使赛事有效地融入举办地社会文化之中。

2.4.3.1 二青会会徽、吉祥物、口号的揭幕与展示

会徽"山河"通过把书法写作作为原型，将"山西"二字融合跑道、

---

[1] 胡乐举：《第十一届全运会与齐鲁文化的互融研究》，《曲阜师范大学学报》2008年。

泳道外形于一体，借助流畅、充满力量感的线条来展示体育风采。运用奥运五环黄、红、绿、蓝、黑颜色，呈现出积极向上、年轻蓬勃的效果。吉祥物"青青"借助山西省省鸟褐马鸡，寓意挥洒汗水的运动健儿，与阳光为伍，振翅高飞，努力拼搏，为体育事业的发展贡献自己的力量。主题口号是"青春的约会，拼搏的舞台"。

2.4.3.2 二青会火炬的传递

2019年3月28日，二青会圣火由采火少女张豆豆在运城市芮城县西侯度遗址点燃。对于大型体育赛事来说，火炬传递是一项意义非凡的活动。二青会圣火采集选择在西侯度遗址，原因是西侯度遗址是目前人类最早用火的地方。遗址中发现的带切痕的鹿角和动物烧骨，把该历史推至距今180万年前。并且此次活动采用了网络传递的方式，通过微信小程序和实体相结合完成该活动。借助手捧的火炬和走过的每个地点，对三晋地区的体育文化进行宣传和弘扬。

2.4.3.3 开幕式、闭幕式的举办

开幕式和闭幕式对于一场体育赛事而言，具有特别重大的意义。在刚过去的2018年山西省第十五届运动会中，开幕式由奥运会团队全力打造，呈现了目前山西史上最高规格的运动会开幕式。一场充满科幻气息，精彩绝伦，大气磅礴的演出，令人印象深刻。团体操表演结合山西红绸、腰鼓、大鼓等民间风俗特色，内容丰富，形式多变，灯光、音效、舞美配合完美。

2.4.4 志愿者工作与三晋传统体育文化的互融

在庞大赛事的举办中，志愿者作为特别重要的一部分参与其中，发挥了其独特而又不可缺失的作用。可以说，志愿者代表山西扮演着东道主的身份招待来自全国各个省市的运动员、教练员以及观众。志愿者的服饰、言行、接待礼仪将成为二青会向世人展示的一个标签。

2.4.4.1 志愿者的服饰展示三晋文化的内涵

每套服饰与每套服饰之间是不一样的，不论是颜色、款式、风格，

还是呈现出来的效果，必定有所差别。究其原因，其影响因素是多方面的，比如生活习惯、宗教信仰、爱好偏向、审美水平以及地域差异等。总之，在人类的发展过程中，这些因子慢慢渗透到服饰的设计之中，造成服饰的不一样，同时也构成了服饰独有的文化内涵。志愿者的服饰应当充分体现中华传统文化的特质，作为二青会志愿者的服饰，更要体现三晋传统体育文化独有的特质。无论是工艺、图案的运用，还是面料的选择，都应吸收传统文化精华要素，保持体育文化韵味，这样在面对运动员、教练员、领队、裁判以及观众时，才能以更佳的状态和更好的形象，作为山西的"代言人"圆满完成志愿活动。

2.4.4.2 志愿者的行为举止，演绎着山西新风貌

2019年8月，山西举办的二青会，吸引全国乃至世界的目光，此刻，志愿者的行为举止都备受关注。面对来自各个地域，各个民族的同胞，大家虽有不同的文化背景，不同的风俗习惯，来到山西，应该受到热情周到的招待，体验三晋大地丰富的民俗风情。志愿者作为其中的枢纽，肩负着十分重大的责任。怎样体现三晋传统体育文化的深层魅力，怎样向各位远道而来的朋友展示新转型山西的形象，成为他们思考的问题和肩负的重任。

3. 结论与建议

3.1 结论

（1）二青会中，新增三晋传统体育项目武术、摔跤，为三晋传统体育文化赋予了拼搏不息、努力奋斗、不怕流血流汗的竞技精神。同时，源远流长、博大精深的三晋传统体育文化也将借二青会的举办得到进一步弘扬。

（2）承办二青会比赛项目的众多场馆代表山西作为一个亮丽的明信片向社会展示，为三晋传统体育文化形象做直观的宣传，是三晋传统体育文化宣传的有效载体，能够提高文化的经济效益和社会效益。

（3）二青会将借助视觉方面的应用，充分表明赛事形象，提升办赛理念。增加二青会与社会公众的交流，提升社会对二青会的关注度。

（4）志愿者作为三晋传统体育文化交流与传播的媒介，在促进民族文化的保护和继承方面有着巨大的作用。

3.2 建议

（1）增加特色项目的影响力。对于武术和摔跤项目，应积极鼓励运动员踊跃报名，扩增参与人数；应鼓励观众前来观看，营造紧张、激烈的现场氛围，利于参赛运动员积极性的高涨，塑造山西体育品牌效应。

（2）应增强场馆的实用性。以赛事场地的布置为切入点，结合三晋传统体育文化呈现整洁亲切、包容性高的赛场环境，让运动员在参与激烈赛事的同时，能够感受到当地体育文化的底蕴。

（3）加大赛事宣传力度。应在人流量密集处，如广场、车站、机场，以及出租车、大巴等交通工具投放广告牌。此外，在网络上也应进行相关内容的广告宣传。

（4）提前对志愿者进行培训。赛事举办之前，应系统地对志愿者进行着装、姿态、言行方面的正确培训。

参考文献

[1] 刘阳．第一届全国青年运动会文化教育活动研究 [D]. 成都体育学院学报，2017．

[2] 林龙义．首届全国青运会对福州城市软实力影响研究 [D]. 福建师范大学学报，2016．

[3] 王盈．青运会对福州市社会文化影响的纵向研究 [J]. 长春师范大学学报，2017,36(10):88—93．

[4] 王盈．青运会对福州市举办大型体育赛事的启示——基于 ROST 内容挖掘系统 [J]. 重庆工商大学学报（自然科学版），2017,

34(05):95—100.

[5]王盈.居民感知视角下体育赛事对福州市社会文化影响研究[D].福建师范大学学报,2016.

[6]李建英,孟林盛,刘生杰.河东体育文化研究[J].山西大学学报(哲学社会科学版),2011,34(03):141—144.

[7]孟林盛.三晋传统体育文化研究[D].山西大学学报,2014.

[8]胡乐举.第十一届全运会与齐鲁文化的互融研究[D].曲阜师范大学学报,2008.

[9]山西省地方志编纂委员会.山西通志(第四十二卷)[M].北京:中华书局,1995.

举办二青会对城市体育文化发展的贡献

金雨　王晓红

山西大学体育学院

"十年中国看深圳，百年中国看上海，一千年中国看北京，三千年中国看陕西，五千年中国看山西"，一说起山西就要从尧舜禹时代揭开序幕，底蕴浓厚的历史文化资源彰显了山西独有的名片，但由于地理位置和经济发展水平的限制，山西还未进入我国发展的前列，逐渐褪去了特有的光芒。

全国青年运动会的前身是创办于1988年的全国城市运动会，是每四年举办一次的全国大型综合性体育盛会。与全运会不同，城运会（即现在的青运会）是以城市为单位组团参加，其主要目的是发现和培养竞技体育后备人才，促进城市体育事业发展，为实施奥运争光计划服务。2015年10月18日，第一届全国青年运动会在福建省福州市隆重开幕。同年7月13日，国务院办公厅同意山西省承办2019年第二届全国青年运动会。这是山西省首次承办国家级赛事，对于山西而言，二青会这阵"东风"既是对于山西省实力的考验，也是树立山西文化自信，推动城市体育文化发展的重要契机。

城市体育文化产业作为人类文化产业发展的重要组成部分，是人类在社会活动中所创造出来的文化产业产品，是体育文化与城市文化的统一体。[1]城市体育元素的文化属性最终在物质文化、制度文化、行为文化、精神文化4个层面来体现。物质文化层面，主要通过体育场地、器材、设施等器物类元素来呈现；制度文化层面，主要通过城市体育规章、制度、法规等政策类元素来呈现；行为文化层面，主要通过体育赛事、庆典、节目等活动类元素来呈现；精神文化层面，主要通过体育文化、精神、理念等精神类元素来呈现。[2]二青会的举办将会充分彰显山西元素，展示三晋魅力，展现新时代青年风采，使更多人了解山西文化、山西体育文化，为山西省城市体育文化发展提供思路参考。

1. 研究对象与研究方法

1.1 研究对象

举办二青会对山西省城市体育文化发展的贡献。

1.2 文献资料法

通过查阅中国知网、维普网等期刊网站，阅览关于"青运会""大型体育赛事""体育文化""城市体育文化"等相关文章，并且阅读了相关政策文化、法律法规。

1.3 逻辑分析法

依据逻辑分析法，将城市体育文化划分为城市体育物质文化、城市体育制度文化、城市体育行为文化、城市体育精神文化，为本研究构建严密的结构。

---

[1] 耿剑峰、张凤仙、和立新、张方军：《中国城市体育文化产业国际竞争力评价体系的构建及发展策略研究》，《山东体育学院学报》2015年第2期。

[2] 辜德宏、蔡端伟、杨雪：《城市体育元素的定义、属性、类别与功能探析》，《体育文化导刊》2017年第11期。

2. 筹办二青会发展城市体育文化

2.1 构建城市体育物质文化

城市体育物质文化是指：体育场馆、基础设施、体育产业等物质方面。以喀山承办 2013 年第 27 届世界大学生夏季运动会为例，推动建设了大运会村（可容纳 4500 名居民）、卡赞足球场（拥有 45000 个座位）、水上乐园、网球学院、Ak Bars 格斗体育馆、"圣彼得堡"排球中心、拳击和乒乓球中心、体操中心等。在基础设施方面，已获得道路基础设施：149 条道路 212 公里长，11 个交通交叉口得到修复和建造；改扩建项目：国际机场"喀山"，新的中转铁路公共汽车站"喀山-2"，改造铁路主站"喀山-1"，喀山地下铁路二期工程，轻轨线和航空快车到国际机场"喀山"。大型体育赛事的举办不仅为喀山城市基础设施建设做出突出贡献，而且促使体育场馆建设完善，城市体育文化不断发展，为承办 2015 年第 16 届国际泳联世界锦标赛，以及申请作为 2018 年俄罗斯世界杯的比赛城市提供了条件，最终为鞑靼斯坦创建了靓丽的体育名片。[1] 二青会体育基础设施建设也正在进行，高速、快速路和防洪蓄水工程建设，重大电网工程建设，太原市作为二青会的主要赛场正努力筹备 1、2、3 号线地铁建设。

由于体育独立的功能和魅力，体育设施建设和其他建筑相比更具有文明、开放、充满活力的鲜明特征。[2] 体育建筑语言充分表达了城市的文明建设和文化意蕴，如巴塞罗那的诺坎普体育场、古罗马历史悠久的竞技场等已经成为所在城市的象征。二青会场馆筹备工作正紧锣

---

[1] Timur Absalyamov. The influence of cultural and sport mega-events on sustainable development of the city [J]. Procedia-Social and Behavioral Sciences, 2015, (188): 197—201.

[2] 汤立许：《城市体育对城市软实力的提升及路径选择研究》，《山东体育学院学报》2010 年第 4 期。

密鼓地进行：山西体育中心国际体育交流中心、青运村、山西体育中心射击射箭训练基地、滨河体育中心、水上运动中心、沙滩排球场、网球中心及汾河体育健身长廊管线桥健身区等二青会体育场馆建设。

2.2 丰富城市体育精神文化

城市体育精神文化是指：非物质文化遗产，体育文化、精神、理念等。山西省民间体育非物质文化遗产——挠羊赛，在忻州、原平、定襄一带是极具地域特色的民间竞技体育。[1]山西省非物质文化遗产——忻州挑椅舞，挑椅舞是体现古代战斗生活的一种民间舞蹈。[2]此外，还包括背铁棍、踩高跷、社火等一些丰富的民俗活动都带有古老的体育文化特色。随着现代生活方式的改变，许多非物质文化逐渐淡化，传承人无处可寻，面临诸多危机，举办二青会则是山西省向全国各地乃至全世界宣传山西文化的绝佳机会，在参与和观赏体育盛会之时，让更多人了解山西，了解山西文化。

山西晋商文化可谓是历史悠久，早在春秋战国时期已经有了晋商。晋商精神则是晋商文化中不可分割的重要组成部分，晋商精神包括进取精神、敬业精神和群体精神，这恰好与体育精神和体育文化相契合，团结合作、锐意进取、力争上游，最终取得优异的运动成绩。

2018年8月18日，举行的二青会会徽、吉祥物、主题口号新闻发布会，展现出浓厚的山西文化元素，二青会会徽——"山河"，以褐马鸡为创意元素的吉祥物——"青青"，主题口号——"青春的约会，拼搏的舞台"面世。会徽"山河"，以汉字"山西"的书法形态为创作来源，将跑道、泳道的外形特点与汉字融合，传递运动拼搏的内涵；会徽整体使用五环色彩，将奥林匹克体育精神融入其中，五彩缤纷的

---

[1] 孟林盛、李建英：《民间体育非物质文化遗产的法律保护研究——以山西忻州挠羊赛为视角》，《体育与科学》2012年第2期。

[2] 董建琦：《山西民间体育文化特征与价值分析——以山西忻州挑椅舞为例》，《安徽体育科技》2017年第1期。

颜色与线条相融合，象征着年轻人的青春活力。吉祥物"青青"，原型是褐马鸡，属珍稀鸟类，为山西省省鸟，代表能飞善跑，运动天赋出众，而且高度契合本届青运会的"绿色"理念。主题口号"青春的约会，拼搏的舞台"，表示青运会是青年的大聚会，是青春的嘉年华，这里不仅有激烈的竞争，更有深厚的友谊。

2.3 完善城市体育制度文化

城市体育制度文化是指：城市体育规章、制度、法规等文件条例。2015年，山西省人民政府发布了《关于加快发展体育产业促进体育消费的实施意见》，《意见》指出了山西体育产业未来10年的发展目标，即到2020年，体育产业总规模超过320亿元。[1]2016年，《山西省全民健身实施计划（2016年—2020年）》出台，其发展目标：到2020年，城乡居民的体育健身意识普遍增强，每周参加1次及以上体育锻炼的人数达到2000万；经常参加体育锻炼的人数达到1100万。[2]2017年《"健康山西2030"规划纲要》出台，在"提高全民身体素质"中指出：到2030年，实现市、县全民健身活动中心，城市街道、社区、乡（镇）室外健身设施覆盖率100%；基本实现全民健身"6565四级工程"建设全覆盖；人均体育场地面积不低于2.3平方米，广泛开展全民健身运动。[3]这些规章制度为山西省体育和群众体育的发展做出了重要贡献。

2018年8月15日，国家体育总局青少年体育司颁布了《中华人民共和国第二届青年运动会竞赛规程总则》，此次比赛共有26个大项30个分项305个小项，为更多体育项目的发展提供了机会，为更多的青少年提供了参与的平台，最终为二青会的顺利进行明确了方向。

---

[1] 山西省人民政府：《关于加快发展体育产业促进体育消费的实施意见》，2015年7月。

[2] 山西省人民政府：《山西省全民健身实施计划（2016年—2020年）》，2016年9月。

[3] 山西省卫生计生委：《"健康山西2030"规划纲要》，2018年5月。

2.4 拓展城市体育行为文化

城市体育行为文化主要包括：体育赛事、盛典、节目等活动类元素。山西省具有浓厚的体育赛事氛围。自 2010 年始举办的太原国际马拉松，是太原市举办过最大的国际体育赛事，累计吸引 20 多个国家和地区的 20 余万人次参赛，亦是太原最具特色城市形象的体育名片。CBA 体育赛事也是众多篮球爱好者所关注的重大体育赛事，山西汾酒男篮的比赛也吸引了不少球迷关注。仅 2017 年，山西主办、承办三大类总计 137 项赛事。

雅加达亚运会有 40 个项目，是目前世界上项目最多的综合性体育赛事。2019 年，中华人民共和国第二届青年运动会共有 49 个项目。夏季项目按照 2020 年东京奥运会比赛项目设项，共设 37 个大项；冬季项目拟按平昌冬奥会项目设项，共 5 个大项；设置 7 个跨界跨项选材全能项目。预计比赛期间参赛运动员由 8000 多人增加到 20000 多人，是国内历史上规模最大的综合性运动会。

二青会开幕式设计以"领跑新时代"为主题，由入场仪式、文体表演、圣火仪式 3 个部分组成，精心谋划开闭幕式，彰显山西元素，展示三晋魅力，展现新时代青年风采。此外，火炬传递活动在线上、线下同时进行，届时将会有越来越多的人参与到火炬传递活动中去，丰富和拓展城市体育行为文化。

3. 结论

二青会的举办将会充分彰显山西元素，展示三晋魅力，展现新时代青年风采，使更多人了解山西文化和山西体育文化，为山西省城市体育文化发展提供思路参考。二青会对山西省城市体育文化发展的主要贡献体现在构建城市体育物质文化、丰富城市体育精神文化、完善城市体育制度文化、拓展城市体育行为文化 4 个方面。

山西省文化软实力的SWOT分析

范晨曦 王晓红

山西大学体育学院

前言

俗话说"五千年中国看山西",山西素有"华夏文明的主题公园"之称,这是因为山西历史可以追溯到旧石器时代,在历史的长河中留下了浓重的笔墨。2013年12月习近平总书记提出,建设社会主义文化强国要着重建设我们国家的文化软实力,这不仅关系到我国的国际地位,也关系到"两个一百年"的奋斗目标和中华民族伟大复兴"中国梦"的最终实现。在此大环境下,全国各个省份都在努力提升自身文化软实力。山西省拥有悠久的历史和丰富的文化资源,但在文化强省的建设过程中,未能充分开发和利用本省文化资源,造成大量文化资源被闲置,文化软实力的影响力和其他省份相比也有较大差距。本文通过对山西省文化软实力的SWOT分析,客观地评价了山西文化软实力的优势、劣势,以及面临的机遇和挑战,为提升山西省文化软实力提供可靠依据。

1. 山西省文化软实力的优势分析

1.1 文化资源历史悠久、底蕴深厚

山西省地处黄河流域的中段,是中华文明的发源地之一。考古研

究表明，约在 180 万年前的旧石器时代，原始人类就活跃在山西省的晋南地区。新石器时代晚期，山西省的南部地区已经成为当时诸多邦国的中心，尤其是山西省临汾市襄汾县陶寺遗址的发现，更是使尧、舜、禹的存在成为确凿的历史，为中华民族 5000 年的历史研究提供了证据。

1.2 文化形态内容丰富、包罗万象

历史上，山西是经济、文化、政治活动最为繁荣的地区之一。从旧石器时代开始，山西就有了人类活动的痕迹。从原始社会到奴隶社会、封建社会，再到解放战争，山西地域一直都是人类文化活动较为重要的地区，尧舜禹建都山西，春秋时期晋国称雄，唐朝李家起兵太原，元明时期中原移民，明清时期晋商享誉天下，抗日战争、解放战争时期山西也是中华民族保家卫国的主战场。山西地域人类文化活动如此频繁，留下的历史遗迹、文化遗产、民俗民风等历史文化资源不计其数，使得山西文化成为中华民族文化发展史中重要的一部分。

山西不仅传承发展了源远流长的根祖文化、晋商文化、大院文化、戏曲文化等传统文化，还在中国革命、建设、改革时期创造了太行精神、吕梁精神、右玉精神等红色文化，更有现代科技文化、金融文化等，这一切都共同形成了内容丰富、底蕴深厚的山西文化。

1.3 文化遗产保存完整、研究价值高

山西省拥有数量极多的文化资源，而且这些资源也得到了较好的保存。山西省的地上文物极多，占全国元代以前地上文物的 70%。2013 年 5 月，国务院公布了第七批全国重点文物保护单位，山西省以 452 处位居首位，占全国总数 4295 处的 10.5%。

雁门关、云冈石窟、五台山、应县木塔、晋祠圣母殿、洪洞广胜寺，都是保存较为完好并极具研究价值的古迹，乔家大院、王家大院、平遥古城、榆次老城，也都处处体现着明清时期人们的生活痕迹，为后人了解他们的生活方式，将山西文化继承下去并发扬光大提供了可能。

2. 山西文化软实力的劣势分析

2.1 文化资源缺少深度挖掘

山西省是一个具有悠久历史的省份，拥有丰富的文化资源并且极具地方特色，为山西省文化资源软实力的开发和利用提供了多种多样的可能性。

改革开放后，全国各省都迈出转型的步伐，加速本省经济的发展。文化生产力已不是简单地以原生形态的方式存在，而是向技术形态和经济形态逐步转化，并由此转化为产业和财富。山西省具有丰富的文化底蕴，但在当今文化经济一体化的浪潮中，山西省并没能充分开发具有山西特色的文化项目，总体的建设进度与其他省份相比仍有一定的差距。山西省对于本土文化的价值认识不到位，宣传力度不够高，文化产业建设的规模较小，使大量的文化资源被浪费，这是山西省文化软实力建设的软肋之一。

2.2 文化产业发展意识薄弱

山西省本土具有丰富的煤炭资源，作为国家重要的能源基地，一直都是国内最典型的煤炭资源型地区之一。但近年来，全国经济转型，山西煤炭经济遭遇严峻的挑战。虽然在2008年提出资源型经济转型发展的思路，但效果并不是很好，山西省经济的增长仍旧在很大程度上依赖煤炭经济。山西人民长久以来，习惯依赖于煤炭经济和传统农耕经济，未能及时适应现代市场经济的发展趋势，也未能及时认识到本土文化资源的价值，找到可靠的开发方式，导致大量具有价值的文化资源被闲置。

2.3 文化艺术人才匮乏

人才的匮乏，是制约山西省文化软实力快速提升的主要原因之一。从年龄分布来看，山西省目前文化艺术从业者中，30岁以下年龄段人数占总人数的19.68%，50岁以上年龄段人数占总人数的18.43%；从学历分布来看，仅有12.23%的从业者拥有本科及以上学历，较多数的文化从业者学历为专科及以下；从职称分布来看，1.28%~1.66%的从业者为正高级，41.75%~42.15%的从业者为初级职称。山西省文化从业者呈现出后备力量不足、断层严重、高水平人才缺失的问题。

3. 山西文化软实力发展面临的机遇

3.1 国家政策的大力支持提供了指导

当今社会，人们越来越认识到文化的重要性，文化的繁荣程度不断提升。中共十七大报告，提出了"提高国家文化软实力"的重要决策，将文化软实力的发展提高到国家层面，是中国特色社会主义文化理论体系和建设历程的重大创新，标志着中国开启了由文化大国迈向文化强国的新征程。在此决策的指导下，各省积极开发本省特色文化，提高人们对当地文化的认知，大力发展文化旅游产业，挖掘文化价值。处于如此大潮流中，山西省也高度重视提高本省文化软实力。为提高山西省文化产业整体实力和竞争力，进一步推动山西省文化强省建设，山西省正式出台"十三五"文化强省规划，为山西省文化软实力的提升做出综合性指导。

3.2 部分区域的成功提供了经验

山西省范围内有几个景区成功地将文化与旅游结合起来，向全国人民宣传了当地特色，让游客在旅游的同时满足了内心对山西文化的好奇。例如乔家大院、平遥古城等极具山西特色的本土文化建筑，通过《大红灯笼高高挂》《乔家大院》《又见平遥》等作品走向全国乃至全世界人民的眼中，闻名遐迩，洪洞大槐树寻根祭祖园也通过寻根问祖节的举办，成为华夏民族的情感寄托所在。乔家大院、平遥古城、洪洞大槐树都是山西文化中具有代表性的存在，山西省像此类具有本土特色的文化载体还有很多。平遥古城等地的成功不仅为其他文化旅游区提供了可贵的经验，同时也吸引了来自全国各地的大量游客，具有山西特色的文化旅游区应趁机多做宣传，提高自身的知名度，从而促进山西省整体文化软实力的发展。

3.3 二青会的举办带来了契机

山西省将于2019年承办中华人民共和国第二届青年运动会，届时会有大量的运动员、体育爱好者来到山西参与二青会，山西也会成为媒体关注的焦点。本次二青会的举办，对于山西省来说，是个莫大的机会，向全国人民展现山西的风貌，推动山西省的快速发展。

近年来，依托体育赛事的举办，提高城市影响力的例子数不胜数。北京、青岛、南昌、广州等城市均通过盛大赛事的举办，在全世界人民的心中树立了良好的形象，成为全球著名的旅游胜地。

山西省也必然像有过类似经历的城市那样，牢牢把握举办二青会的契机，加快城市基础设施建设，推进产业结构调整进度，加强公共环境治理措施，提升城市品质，增强城市软实力。在场馆建设、城市改造、赛事运营的过程中，山西省有很多的机会将山西文化展示给世界，像宣传片、吉祥物、会徽、开幕式节目表演等都是很好的途径，除此之外还可以通过赛道的设置，将赛事与具有山西特色的景点结合起来，让运动员在比赛的过程中感受山西的魅力，让全国观众在观赛的同时领略山西风光。通过这些渠道，全国人民对山西的认识将会大幅度提高，山西文化也会由此输送到每一位国人的脑海，吸引他们来山西旅游，亲身体会山西文化，借此加深人们对山西文化的认知，提高山西省文化软实力。

4. 山西文化发展所面临的威胁

4.1 部分地区文化资源开发过度商业化

在以文化为依托开发旅游景点的过程中，必然伴随着文化资源的商业化。很多文化载体在对资源进行整合包装的过程中，过度商业化掩盖了其本身的文化韵味。以榆次老城为例，很多游客走在榆次老城，只是简单地看一看古城墙，除此外就是购买一些纪念品、零食，并不能很好地了解明清时期的建筑、商业模式，长期下来，口口相传，人们便失去了来榆次旅游的兴趣。对文化资源的浅显开发的例子还有很多，都是打着文化旅游的幌子，没有深度挖掘载体本身的文化价值，没能获得游客的共鸣，没有满足人们探索知识、增长见识、丰富生命的需求。

4.2 受到其他省份和国家的冲击

文化软实力从内容上来讲不是"零和"博弈的概念，但区域文化软实力的影响力却存在此消彼长的矛盾逻辑。

在国家提升文化软实力，建设文化强国方针的指导下，我国各个省份都在努力开发自身文化价值，尤其是近几年，几乎所有的省份都把建设文化强省或者文化大省作为发展目标并为此做出相应的努力。在文化产业迈大步进入加速发展阶段的过程中，有的省份认识深刻，制定了较为完善的方针政策，也取得了相对显著的成果。山西省在文化建设中，相对于其他省份起步较晚，政策落实比较慢，获得的经济支持也比较少，与其他省份的文化建设有不小的差距。

除了来自其他省份的影响，山西省文化建设的进行还受到来自国际的挑战。在文化全球化的进程中，西方文化、日韩文化席卷全球，一部分国人在体验外来影视作品、漫画、游戏等文娱活动后，开始摒弃中华民族传统文化，过分推崇外来文化，这是对我国文化软实力提升的严重阻碍，山西省也受到了来自其他国家的文化冲击，严重影响到我省文化软实力建设的步伐。

5. 结论

提升山西省文化软实力是提高山西省综合实力的重要途径，我们要坚持贯彻落实科学发展观，采取人才引进措施，加大文化创新力度，开展文化旅游，加快基础设施建设，扩大山西文化软实力在全国的影响力，树立山西省特色文化品牌，不断促进山西省文化软实力的提高和全面发展。

参考文献

[1] 郭艳红.山西文化产业发展的问题及对策研究[D].山西大学学报,2017.

[2]https://baike.baidu.com/item/%E5%B1%B1%E8%A5%BF/188460?fr=aladdin

[3] 许继红.后现代语境下山西文化旅游产业发展的困境与反思[J].经济问题,2015(11):115—120.

[4] 陈娜,唐健,陈凯.基于SWOT分析法的兰州市文化软实力研究[J].经济研究导刊,2016(11):103—104.

[5] 孙明霞.山西省文化艺术人才队伍现状及对策[J].戏剧之家,2017(10):238—240.

[6] 王雁.让二青会助力太原走向国际化[N].山西经济日报,2018-08-21(003).

[7] 刘慧.晋商文化旅游业可持续发展探析——以山西省晋中市为例[J].云南财经大学学报,2014,30(04):154—160.

[8] 赵学琳.河北省文化软实力的SWOT分析与对策[J].河北学刊,2009,29(05):223—228.

第二届全国青年运动会对山西体育职业教育的影响

温宏君

山西体育职业学院

教育是奥林匹克主义核心内容，教育青年一直是奥林匹克所遵循的宗旨。国际奥委会面向青少年群体设计并举办了青奥会，青奥会不仅仅是一场竞技比赛，更是全世界青少年进行交流、发展友谊的平台，通过丰富的文化与教育计划贯彻奥林匹克教育宗旨。青运会的创办正是为了与青奥会对接，鼓励中国青少年参与体育活动，全面发展，培养优秀青少年体育人才，为国家体育事业发展储备后续力量。青运会与奥运会、青奥会一脉相承，同时又体现中国特色，是体育改革的一次重要尝试。青运会不是单纯的竞技体育赛事，它是融合了体育、教育和文化的综合载体。

青运会促进体育、教育与文化的融合，对广大青少年进行思想层面的熏陶教育，以求弘扬奥林匹克精神，力求淡化竞技的实用性，号召全国青少年的普遍参与，注重赛事的平台价值。希望通过借助青运会赛事平台，实现文化共享，实现对青少年的教育，以促进青少年健康生活方式与价值观的形成。

中华人民共和国第二届青年运动会（以下简称二青会），于2019年8月在山西太原开幕。山西以二青会为契机，积极推动运动项目文化建设。各级各类体育赛事和活动中注重突出对运动项目文化内涵、比赛规则和观赛礼节的宣传，倡导文明参赛、文明观赛。充分发挥体育文化在体育事业发展中的引领作用，全面展示体育的文化价值和社会价值。积极支持形式多样的体育题材文艺创作，弘扬体育文化。二青会将对山西广大学生进行体育精神教育，在对青少年的价值取向、心理能力的培养上，青运会将具有强大的教化作用，其特色之处在于淡化竞技结果而注重运动的教育过程和文化功能，强调青少年彼此之间的相互交流与合作等。

1. 二青会对山西体育职业文化教育的意义

山西体育职业学院位于山西省太原市，学院以培养竞技体育人才和社会体育职业人才为目标，办学指导思想定位于：以市场为导向，以就业为宗旨，以培养优秀体育人才、建设优势竞技项目为突破口，注重体育特点，强化竞技优势，以教学训练为中心，培养更多的体育技能型职业人才，确立山西省体育职业教育龙头地位，使学院逐步发展成为一所集教学、训练、科研为一体的综合体育院校。二青会将对山西体育职业文化教育产生重要的影响。

1.1 二青会文化教育活动对象

二青会是我国专门针对青少年群体创办的运动会，与国内其他运动会面对成年人群体不同，二青会面对的目标人群是全国青少年群体。这一年龄阶段是青少年身体结构与心理健全发展的关键时期，同时也是运动员提高竞技运动水平的关键时期，所以在高负荷的运动训练中青少年运动员健康问题频出。二青会对青少年运动员群体的文化教育，有益于运动员身心健康发展。同时这一阶段的青少年群体求知欲比较强，对外界新鲜事物好奇心较大，所以比较容易接受"卓越、友谊、尊重"的奥林匹克价值观念。

1.2 促进民族文化在校园传播

文化是一个民族或国家的根，是一个民族或国家区别于其他民族或国家的根本标志，文化在民族或国家的生存和发展中起着至关重要的作用。文化具有多样性，不同文化的交流和融合可以促进世界文明的发展。在全球化进程加快的今天，如何传播并弘扬不同民族的文化尤为重要。运动会作为传播民族文化的载体，是各国宣扬本国文化的重要手段。

奥运会通过分享世界各地不同种族、地域等的民族文化，构建和谐的地球村。2008年北京奥运会向世界展示了灿烂的中国文化，是世界各地了解文明古国的窗口。奥运之后，增强大型运动会文化传播功能是我国体育改革重点。二青会的举办，承载着弘扬中华体育精神和奥林匹克精神的重大责任。首届青运会参赛运动员遍及全国各地，青年运动员通过比赛和交流，感受不同文化的碰撞，对推动我国各民族文化的发展和繁荣起着重要作用。

1.3 二青会文化教育活动内容

当前国内体育事业发展重比赛成绩、轻综合素质，根据社会发展需要创办青运会是对接青奥会的一次尝试，同时也是体育赛事理念的重要转折点。其目的不是让青年与体育简单的结合，它是一种国民素养、身体素质的再造，是体育与生命传承和成长的结合。二青会的文化教育活动的开展是赛会最大亮点。

二青会期间，组委会将举办一系列体育文化宣传活动。例如，利用广灵剪纸宣传册来宣传二青会，发挥传统文化的作用。举办中华人民共和国成立70周年体育成就展，出版"山西体育文化丛书"，举办体育书画（体育艺术品）展、北京国际体育电影周太原站二青会公益展映。二青会在强调竞技比赛的同时旨在加强文化教育交流，促进青年运动员全面发展，二青会组委会希望通过开展文化教育活动加强对我国青少年教育问题的重视及传统文化的传承发展。

以举办二青会冬季项目为契机，在全社会尤其是青少年中大力宣传冰雪运动项目文化。

1.4 二青会文化教育活动载体

大型运动会都设计有吉祥物、会徽、口号等标识，贯穿赛会的还有开幕式、闭幕式、火炬传递等仪式活动，这些作为传播运动会文化价值的载体，是运动会重要组成部分。二青会的赛事理念是体育与文化教育融合，文化教育体现在二青会各个方面。

仪式的教育价值体现在大型运动会仪式在赛事举办中集中体现了其所要表达的文化价值。二青会仪式如开幕式、闭幕式、火炬传递等都要和文化教育活动相关联，体现出二青会特殊的文化教育价值。仪式活动作为二青会文化教育的先驱，是传播二青会文化教育宗旨的重要载体，对青少年群体的奥林匹克精神教育和民族文化了解有着很大影响。标识的教育价值体现在青运会的标识，如会徽、吉祥物、口号、志愿者标志、会歌等，这些统称为青运会的指示符号，向公众传播二青会文化。二青会的标识作为其文化教育活动载体，通过在赛会中的展示成为二青会教育载体。

2. 二青会对山西职业体育教育的影响

我们的学校体育教育是青少年健康成长的关键时期，也是青少年接受体育文化教育的重要载体，它同样致力于青少年的全面发展和健康成长。因此借着二青会在山西举办的有利时机来发展学校体育，让二者更为有效的结合互动，这对山西的体育教育来说是一次极好的机遇。

二青会参赛运动员为青年运动员，以青少年群体为主体，因此，学校内的学生群体是二青会文化交流活动的重要受众群体。在校园内开展专项文化教育活动，一方面，不仅可以发展山西体育传统学校运动项目，另一方面，还可以通过具体文化活动推动青少年阳光体育活动和校园足球发展等。在二青会举办期间，举办各类体育活动提升了青少年广泛参与的积极性，让学生尽快掌握体育技能，同时各校可以结合自身条件，开发出各具特色的体育项目。

2.1 为学校体育教育提供特色鲜活的样板教材

奥林匹克精神作为全人类共同的精神财富，同时它也是极其特殊的优秀教育手段。二青会在山西的举办能够为山西学校体育教育提供丰富鲜活的青运教材及读本，普及青运知识等。

二青会通过各种赛前、赛中、赛后的活动为学校体育教育提供样板教材，如二青会冠军与青少年交流活动、拓展活动、生活方式教育活动等。

二青会倡导分享全国各地的文化，向全国各地的青少年宣扬奥林匹克精神，在年轻人之间提升体育运动意识和参与感等，在这些目标的指引下也必将会为学校体育培养学生体育锻炼技能、养成终身体育参与习惯等教育目标的实现带来一定的促进作用，让广大学生欣赏体育的魅力，感受青年运动员积极向上的人生态度，激发广大学生的理想和奋斗热情，并形成和睦团结、和谐互动的人际关系和遵守社会公德，主动维护社会和谐稳定的良好品质。

2.2 培养健康生活方式

伴随着社会的迅速发展，人民生活水平日益提高，所凸显出来的因运动不足导致体质下降，从而诱发的运动猝死、近视率飙升、肥胖、患病率上升、"三高人群"年轻化等青少年学生健康问题明显上升。著名教育家蔡元培先生说，"完全人格，首在体育"，体育是培养青少年身心健康的首要因素。面对青少年严峻健康问题，国家启动阳光体育运动，要求确保学生"每天锻炼一小时"。

在这种背景下，青运会应运而生，跟随国际奥林匹克运动潮流，与青奥会接轨，中国应体育改革之势举办的青运会通过对青少年行为方式、生活方式的积极引导，培养其正确的体育价值观及健康理念。

2.3 承办二青会赛事对山西体育职业办学的促进作用

承办二青会体育赛事对学院的全面发展产生巨大的积极影响。丰富了办学思想,形成了办学特色。体育教育和参与赛事活动是一个有机整体,在加强基础教学科研的同时,致力于赛事实践,逐渐形成"注重实践环节,依托体育赛事,培养应用型体育专门人才"的体育办学模式。紧紧依托赛事,强化实践环节,切实提高学生的实践能力,促进各项体育专业建设和推广。

3. 结语

学校将体育赛事与实践教学进一步有机结合,努力依托体育赛事,强化实践环节,构建实践平台,建立起由基础实践、专业实践、社会实践和综合实践4个部分构成的实践教学体系。同时,通过大型赛事活动,培养学生的敬业精神、合作意识和责任感、使命感,在实践中加强学生的思想政治教育。通过二青会,学生志愿者队伍得到了扩大,志愿者精神得到了进一步的升华,学生的公民道德意识得到了强化,文明素养得到了提升,为今后学生思想政治教育提供了一种新思路、新途径、新平台。

参考文献

[1]杜海松.承办国际体育赛事对首都体育学院办学的影响[D].首都体育学院学报,2010(05).

[2]王靖敏.我国高等体育职业教育的区域特点与发展路径[J].河北师范大学学报,2016(05):171—172.

[3]雷艳云.中国体育职业教育体系创新研究[J].湘潭大学学报,2016(09):159—161.

后二青会时代山西高校体育人才培养初探[1]

李保平　李君灵

山西财经大学体育学院

习近平总书记在中共十九大报告中指出"扩大全民健身活动，加快建设体育强国"中国特色社会主义进入了一个新时期，建设强大的教育国家是中国伟大复兴的基础工程。习总书记的讲话不仅为体育事业的发展提供了强大的精神动力，也为新时期的体育工作者指明了方向。学校体育教育的总体目标是促进人的全面发展和社会的全面进步，开展全民健身运动。为实施素质教育的新要求，适应新时代、新发展，高校体育应与体育产业和健康教育相结合。

我国学者对大型赛事对高校体育教育的作用进行了深入研究，研究的内容主要是关于大型体育赛事对高校体育发展的推动，以及对校园体育文化建设的影响。徐瑞勋等人指出，以大型活动为平台，推动了高校体育新成果，高校体育新突破，学生体质新的提高。彭华认为，在高校体育发展中举办大型活动必然会产生更积极的影响。这些研究从不同侧面强调了大型赛事对高校的文化的影响，较少研究对高校体育教育的作用。有些学者对我国高等教育体育专业人才培养的现状与

---

[1] 基金项目：山西省软科学研究项目（2018041018-4）；山西财经大学教学改革创新项目（2019244）。

改革的方向进行了研究，韩志芳论述了以培养应用型人才为主，优化课程体系，压缩总学时，增加选修课，突出实践能力和创新能力培养。李铁从培养完全的人的理念出发，提出了运动人体科学专业应以培养人为先决条件，通过灵活的课程设置使学生能轻松选择理性的职业方向。太原市二青会的举办，正是响应十九大报告精神号召，对山西省的社会、经济、文化发展，全民健身推动，精神文明促进，文化遗产的保护和弘扬，场馆赛后再利用等方面将会产生多元化效应。借此，本文就二青会对山西省高校体育教育引领推动作用进行了研究。

1. 二青会促进高校对大学生志愿者的培养

1.1 高校为二青会提供志愿者服务

二青会将向全社会公开招募40500名志愿者。其中，率先面试的礼仪志愿者总额为500人。仪式志愿者选自山西大学、山西财经大学、太原学院、太原旅游职业学院、山西工商学院五所大学。相关的工作人员会对这500名入选者进行通用知识培训、专业知识技能培训和岗前演练培训等。

为了二青会的圆满成功，太原理工大学、山西大学、山西财经大学、中北大学、太原科技大学等18所高校全力配合政府工作，持续跟进，做好赛会志愿者面试工作，好中选优，服务好赛会，展示新时代大学生风采。

如若对参加过培训的志愿者进行备案登记，以备以后大型赛事的使用，将会节省培训和招募成本，选拔出优秀的志愿者将有利于以后更好地为大型赛事服务。

1.2 二青会将促进高校开设有关志愿者知识的学科课程

目前，山西省各高校体育学院主要开设的课程有体育教育、运动训练学、体育经济与管理等。山西高校还未将志愿者活动作为"课"教育的补充，纳入学校正式课程。

二青会的举行可以促进山西高校强化实践环节、构建实践教学体系、开设有关志愿者知识的学科课程，有导向、有约束地引导学生了解志愿者知识，建立赛事志愿者的完整组织体系，制定出相应的规章制度和计划，培养一支具有品牌效应的志愿者队伍。

各高校青年志愿者活动应在学校团委的组织下引入"学分"的概念，使青年志愿者活动成为高校教学的选修课，以提高学生的参与度，做好学分认定工作。加强学生的自我教育，培养学生的奉献精神，使理论与实践相结合。

1.3 二青会将提升高校学生体育参与积极性

目前，大学生体育意识淡薄，体育知识匮乏，认为无病就是健康，对待体育锻炼认识不够，自觉性不强，态度消极。随着信息化的发展，智能手机成为大多数学生首选的生活娱乐，使大学生体质呈下降趋势，视力不合格、体重超标、心律不齐、血压高，甚至有的还患有颈椎病、腰椎病，还有力量、速度、耐力下降等。

为了"节俭办赛"，二青会把山西大学、山西财经大学、太原理工大学、中北大学、山西医科大学等7所高校的体育场馆纳入比赛场地，激发了大学生的激情，吸引了更多的大学生主动参与体育运动。二青会的举办对体育文化产生了一定的积极影响和促进作用。它可以促进学生社会责任感的提高，促进学校全面发展如硬件设施、教学体制、校园文化等。

学校积极引导学生逐步养成体育锻炼习惯，从而形成终身体育。促进全民体育和终身体育的发展。

2．大学体育教育对接二青会

2.1 二青会将推动高校高水平运动队建设

目前，山西大学、太原理工大学、山西财经大学、中北大学、山西农业大学高水平运动员招生项目主要有足球、篮球、田径、健美操等。

主要是通过单招、高考、高水平比赛三大途径。

二青会的举办，可以极大地促进各高校高水平运动队伍建设的标准化和专业化，从而提高高校运动员的专业技术水平。通过二青会，各高校积极推广"体育与教育"相结合的高水平运动队建设模式，培养符合国家发展的高素质体育专业人才。

高校应不断完善市场机制、体育设施，提高高校高水平运动队的生源质量，提升高水平运动员的质量，开展教学改革。运用多元化的培养方式，将促进高校高水平运动员的全面发展，进一步促进高校高水平运动队建设水平的提高。

2.2 二青会促进高校体育教学发展

目前，随着全民健身的新的体育理念的产生和传播，山西高校的体育教学也面临着许多挑战和困难。同时，由于高校在体育教学领域中的诸多原因，比如课程设置不合理、教学方式单调、教学设施不完善以及高校体育教师的整体素质不高等，也阻碍了我国专业体育人才的培养。

高校是我国人才培养的主要基地，体育教育作为人才培养的重要组成部分，为实现我国教育的现代化、社会化提供了保障。二青会的举办可以引起政府和高校对体育人才培养的重视，进而引领高校体育教学改革、课程设置不断优化、教学方式向多元化发展、不断完善教学设施、提高高校体育教师的整体教育水平等。

对于课程设置不合理，可以采取先排理论课后排专业课的方式，对体育教学内容进行适当的更新与丰富，以激发学生对体育学习的兴趣和热情；对于高校缺乏体育教学资源这一问题，高校应该购买足够的体育教学器材和设备，还可以通过社会集资等方式来获得更多的资金；体育教师大多数是本科或研究生学历，整体素质不高，可以采取让教师进修学习以及招收部分高素质教师或请外教的方式。充分实施体育教育更有利于高校教育面向现代化、面向世界以及面向未来的教育方针。

2.3 二青会促进高校特色办学

目前山西高校拥有特色办学的学校虽然不多，但是特色办学带来的效应不容小觑。例如晋中学院的体育专业实力很强，这所不知名的大学以其特色专业而在学校举办了全国锦标赛。

二青会赛事能促进高校特色办学，大学的办学特色是指学校在长期办学过程中积淀形成的、本校特有的、优于其他学校的独特优质风貌。如德国科隆体育学院的体育运动材料学闻名于世，在教练培养方面也取得了很大成就，首都体育学院向来都以篮球教学突出著称。所以，二青会的举办也会促进山西高校的特色办学。

高校可以重点建设一些项目，突出自身的特设项目，能够发挥自己的特色专业，在同类院校中脱颖而出，提高自身知名度。

3. 二青会引领大学生就业

3.1 二青会引领高校学生实践能力的提高

目前，山西的许多专业实践课程仍然采用单一的教学形式，实践课程教材更新周期长，存在一系列问题，如教师与学生之间的互动较少，以及专业理论课程与实践课程之间缺乏密切联系。

学生参加关于二青会赛事的各种实践活动，不仅增强了基本技能，还扩展了他们的专业知识和专业技能。它促进了学生科学思维和创新能力的提高，培养了学生综合运用所学知识分析和解决问题的实践能力。学生在赛事实践活动中，强化了对他人对社会的责任感，提高了与人沟通、交往的能力，切实提高了自身的综合素质。这些对学生未来的就业有积极的影响。

高校应注重培养创新人才，提高学生的实践能力，注重学生的专业理论知识的学习，鼓励和创造更多的学生实践机会。由规范性教学向多样性转变。同时，要注重加强专业核心竞争力，结合专业发展趋势，突出重点，选择和优化专业实践课程，培养具备专业实践能力、满足就业市场需求的人才。

3.2 二青会引领高校体育人才增加赛事经验

目前，山西虽然举办了多场马拉松比赛，但是类似二青会这样大型的综合性赛事较少。山西高校体育人才在大型赛事中得到锻炼的机会不多，因此山西高校体育人才赛事经验不够丰富。

高校在大型活动中取得的成就越多，获得更多财务支持就越容易。这样就形成了"领导重视、教练指导、学生主动、大赛支持"的运作模式，可以促进高校体育发展获得新突破。二青会的举办可以为高校提供多元化的资源，从而实现二青会与高校资源的优势互补。

鼓励学生积极地参加赛事，认真对待比赛，从比赛中发现问题解决问题，吸取经验教训，增加自身的经验和提高体育技能。

3.3 二青会促进高校学生体育素养和科研能力的提升

应试教育体系中最大的问题是关注智力教育和不重视体育。智、体教育分离现象严重，忽视了学生身心发展需求，"副科"思维造成大学生认知缺陷，没有养成锻炼习惯。依据素养发展"认知—技能—行为"过程，大学生的体育素养教育现状主要表现如下：体育认知不够，体质、健身技能不强、体育行为不足。

通过举办此次赛事活动，培养了一批骨干，极大地促进了高校的教学和科研，提高了高校举办体育赛事的能力和管理水平。在教学研究和活动之间形成良性互动，相互补充，相得益彰。锻炼学生的现场反应能力、分析判断能力，提高学生的心理素质和理论应用能力。在大赛期间增设科研报告会，收录教师、学生的学术论文，对其进行评奖，让学生在大赛中不仅提高了竞技能力也提高了科研能力，真正做到理论与实践相结合。

高校学生应抓住大型赛事提供的机会与高校间教师、学生以及赛事组委会人员进行信息交流。与参赛运动员和教练员交流探讨学术问题并分享自己的独到观点,从而更好地提升自己的技术水平与理论水平。

4. 结语

将二青会的比赛场馆置入高校的直接积极效益,就是可以完善高校的体育设施,推动了学校体育工作的全面发展,包括体育教学、课外体育锻炼、体育社团和高水平运动队的发展完善。提高高校学生对体育的热情、积极性、社会责任感。高校还可以借此契机全面发展自身与体育相关的各个领域,如硬件设施、教学体制、校园文化等,从而为提升学校的知名度和影响力创造有利条件。

参考文献

[1] 袁晓晖. 初心铭于行动使命重在作为——学习党的十九大报告的体会[J]. 企业文明,2018(02):46—47.

[2] 武术. 长春市高校体育与社区体育互动发展的研究[D]. 吉林体育学院学报,2014.

[3] 韩志芳. 我国普通高等学校体育教育专业本科培养方案研究[D]. 北京体育大学学报,2015.

[4] 李铁. 运动人体科学专业本科人才培养模式理性选择研究[D]. 华东师范大学学报,2010.

[5] 彭华. 承办大型体育赛事对高校校园体育文化建设的影响[J]. 当代体育科技,2016,6(22):122—123.

[6] 孙明泽. 第十二届全运会比赛场馆置入高校的外溢效应研究[D]. 沈阳师范大学学报,2014.

[7] 杜佳星. 转型跨越时期山西高校高水平运动队建设现状和发展对策研究[D]. 山西师范大学学报,2014.

[8] 张靖. 素质教育背景下高校体育课改革探讨[J]. 当代体育科技,2018,8(04):103—105.

[9]欧秀伶.新时期我国高校体育教学改革创新路径分析[J].当代体育科技,2018,8(29):11—13.

[10]韩振民,郭建.多维度分析高校承办大型体育赛事的后期效应[J].体育科技,2014,35(02):26—27.

[11]杜海松.承办国际体育赛事对首都体育学院办学的影响[D].首都体育学院学报,2010.

后二青会时代如何推动山西航空体育运动发展

白小波

山西省航空运动学校

1. 概述二青会对山西经济社会发展的影响

"体育强则中国强，少年强则中国强。"党的十九大以来，在以习近平同志为核心的党中央坚强领导下，山西省委、省政府团结带领全省人民，砥砺奋进、励精图治，山西经济社会取得长足发展，综合实力稳步提升，包括体育事业在内的各项事业迎来了蓬勃发展。

为进一步促进全省改革开放，激励全省人民奋发有为，由国家体育总局主办、山西省人民政府承办的第二届全国青年运动会（以下简称二青会），于 2019 年在山西举办。

1.1 对全省精神文明建设的意义

二青会是党的十九大之后举办的第一个全国性综合运动会，也是山西省首次举办全国大型综合性运动会，具有重大的现实意义和深远的历史影响，将作为一场重要的全国性体育赛事，助力 2022 年北京冬奥会，宣传国家奥运战略，展示青少年体育发展成果和山西转型发展新形象。

适逢中华人民共和国成立 70 周年，举办一届高水平、有特色的全国青年运动会是山西 3700 万人民的共同心愿，是山西人民献给共和国

70华诞最好的生日礼物。通过体育竞技，可以凝聚人心、提振士气，推动全省精神文明建设。

1.2 对城市发展的促进意义

二青会的成功举办必将促进山西省城市基础设施建设和现代服务业发展，全面提升城市公共服务功能，助推山西旅游发展，促进人民生活改善，倒逼生态环境改善。通过修建道路、美化街区、增加公共交通运力、加快污水治理等一系列举措，优化发展环境、展示城市形象，向全国人民展现一个风光秀丽、热情好客、文明舒适的大美山西形象，具有十分重要的意义。

1.3 对山西体育事业发展的意义

全省58个场馆都出台了赛后场馆开放利用的相关政策，完善了健身设施，激励广大群众参与全民健身，对构建系统化的"大健康"公共服务体系具有重大现实意义。

二青会共设49个大项72个分项1868个小项，涵盖了奥运会的全部项目（包括新增项目），增设了冬季项目5个大项，增设跨项选材项目5个大项、民族传统项目3个大项以及体育舞蹈1个大项。通过跨项选材这一创新举措，山西组建了冲浪队，并在二青会冲浪项目比赛中获得优异成绩，实现了弯道超车。

二青会创造性地将社会俱乐部加入竞赛队伍，给广大青年运动员提供了展示自己、交流合作的舞台，也为社会俱乐部等体育从业组织提供了交流技艺、加强合作的平台，必将大大激励社会力量投身体育运动事业，加之山西改革创新、奋发有为大讨论如火如荼地进行，山西营商环境得到极大改善，体育产业必将如雨后春笋般蓬勃发展。

2. 山西发展航空体育运动的历史底蕴

航空体育运动是体育产业中的朝阳产业，是利用航空器在空中进行体育活动，是通用航空的重要组成部分，是国家战略性新兴产业。

具体项目包括热气球、滑翔伞、跳伞、动力伞、特技飞行、风洞、无人驾驶航空器、运动类飞机、航空模型等，种类繁多。

山西境内地形多为高原，大部分地区海拔在1500米以上，地处我国中部，毗邻京津冀，有独特的通用航空经济区位优势。境内旅游资源丰富，积极开展通航短途运输和低空旅游业务，有利于培育通用航空应用市场。此外，山西省内林业、测绘、气象、应急救援等部门对通用航空需求旺盛。

有此便利条件和需求，山西最早开始发展中国通用航空事业。1989年，中国最大的通航企业——中国通用航空公司在山西成立，面向全国开展业务。到现在山西已经拥有一定的产业基础，在机场设施方面，全省有太原武宿干线机场，长治王村机场、大同云冈机场、运城关公机场、临汾乔李机场、吕梁大武机场、忻州五台山机场6个支线机场，有3所航校基地通用机场和若干个直升机起降点。

3所航空运动学校，是山西省通用航空的核心力量。地理布局从北到南，保证了飞机航程可以覆盖整个山西，航空体育运动、飞行驾驶员培训、人工影响天气、航空测绘等通航业务在全国也处于领先地位。

近年在国家体育总局航空运动管理中心的关心指导下，太原航校更换了老旧的运五飞机，开始使用先进的运十二、塞斯纳208、P750等飞机，为高空跳伞训练创造了便利，进一步提高了训练成果，运动员也多次在国际国内跳伞大赛中取得优异成绩。

受种种因素影响，山西通用航空起步虽早，但仍存在一些问题，如对通航产业发展认知度低、整体规划布局相对滞后、相关配套政策不够完善等；现有资源没有得到充分利用，没有形成点线面相结合的通航基础设施网络；全省丰富的旅游资源未和空中游览、航空娱乐等消费类通航运营相结合，未形成战略性统筹布局。

3．多措并举发展航空体育运动

2019年1月29日，山西获批国家通用航空发展示范省。在能源经济转型背景下，山西谋求率先发展通航产业，牵引相关转型产业发展。

2019年4月30日上午，山西省通用航空首飞现场会在尧城举行，太原、大同、吕梁、长治全省域4条短途运输航线和黄河、长城、太行3个通用低空旅游项目成功首航。这意味着，山西人乘坐通航飞机短途航线回家、从空中游览山西河山成为现实，标志着山西向通用航空强省建设迈出实质性步伐。

短途通航运输不仅方便了人们出行，改善了民生，也打开了人们认识通航、了解飞行的窗口。在体验便捷出行的同时，也必然会吸引更多人关注通航，关注航空体育运动。

3.1 建设航空飞行营地，激发市场活力

随着全民健身国家战略深入人心，越来越多的人参与到健康行动中来。各种极限运动中心如雨后春笋般涌现出来，航空体育运动更是充满独特的魅力，每年有很多人前往澳大利亚、新西兰等国家，参加飞行大会，体会飞翔的乐趣。而我国低空空域开放程度有限，没有足够的场地能提供安全飞行服务，造成了资源的流出。

这就要求我们充分利用城市边缘陆地、公园绿地、学校体育场等区域，建设相应标准的航空飞行营地；支持和引导旅游景区、旅游度假区、乡村旅游区根据自身特点，建设特色航空飞行营地；鼓励航空飞行营地与住宅、文化、娱乐、旅游景区等综合开发建设，打造航空运动服务综合体。

只有严格按照国发〔2014〕46号文件"关于加快体育产业发展，促进体育消费的若干意见"中明确提出"航空飞行营地"的概念，合理布局、灵活设置航空飞行营地，建立健全航空飞行营地运行和管理体系，进一步开放低空空域，扩大机场等开放程度，提高服务质量，让老百姓进得来、飞起来，玩得开心、飞得顺畅，才能有效促进航空体育产业的发展。

3.2 举办大型航空赛事，吸引消费群体

大型赛事最能吸引注意力，所以也被称为眼球经济。2008年北京举办奥运会，不仅提高了我国的国际威望，而且在经济上进一步扩大开放，对我国经济直接推动超30亿元。

在全球，每年有70多项航空赛事活动，要促进航空消费产业发展，首先要引进国际国内顶级航空赛事活动。美国一年一届的飞来者大会有1万架飞机抵达奥什科什，有2855架飞机参加表演，与会人员达60多万，给当地带来财政收入20亿美元。

我国于2017年在武汉举行第一届飞行者大会，有778架飞行器抵达武汉，参与表演的有588架，有50万人次到现场观看，同样极大促进了当地餐饮、旅游业等发展。

航空消费产品众多，比如风洞体验、无人机、航空模型、动力伞、滑翔伞、热气球、高空跳伞、特技飞行、航模、三角翼等。

通过与国际国内航空组织、俱乐部的合作，激发航空运动协会、科技活动中心等组织活力，支持有条件的通用机场、飞行营地、学校、旅游景点等，引进特技飞行等大众喜闻乐见的航空体育运动竞赛、航空表演、飞行体验等项目落地山西，丰富航空运动赛事和展会供给，吸引不同年龄、爱好的人群参与其中。

只要为广大爱好者提供舒适周到的服务，形成品牌效应，必能带来稳定的消费群体，促进航空体育运动消费。

3.3 开展"航空体育+旅游"活动，创建全域旅游新模式

短途航线连接晋南、晋中、晋北，开航后，三地之间单程最快不到1小时，最远单程也仅需2小时10分，极大地方便了三地居民的旅游、出行，更有利于促进通用航空和旅游业的融合发展。

以"空中观光+飞行体验"为主要内容的低空旅游项目，依托全省文化旅游资源，围绕黄河、长城、太行三大旅游板块，借助直升机、热气球、滑翔伞等工具，将低空游览、飞行体验、航空体育运动等要

素融合，合理策划旅游方案，为游客提供更加独特的游览体验，在展现山西表里山河的壮美风光和厚重的历史文化底蕴的同时，也必将大大促进当地的旅游收入。

例如可以在壶口瀑布、太行山大峡谷、雁门关、云冈石窟、恒山悬空寺等旅游景点，选择适合低空旅游的直升机或者热气球，开展"空中观光＋飞行体验"的低空旅游项目，形成空中旅游文化带，将全省优秀文化名胜古迹、壮美山川等通过空中平台展现给全国和世界人民，打响"空中看山西"旅游品牌。

3.4 促进"教育＋航空体育"融合，培育航空人才

航空体育运动因其行业特殊性，必须具备专业知识和技能，例如航模运动，在飞机设计、材料选择、模型制作、飞行调试等一系列环节中，可以培养青少年的动手能力和自律能力。

鼓励学校与航空专业机构合作，不定期开展航空科普教育进校园、航空科普校外社会实践活动等；利用太原、大同、长治3所航校开展航空职业培训教育；组建航空俱乐部，设立航空科普培训基地、低空飞行文化创意体验园，举办航空节、无人机应用比赛，组织开展航空冬夏令营等，培育青少年参与航空运动、了解航空知识的乐趣，为培育航空人才夯实基础，壮大未来航空业消费群体。

3.5 广泛开展通航业务作业，助力经济转型升级

省内有很多省直单位需要提供通用航空作业服务，比如空中巡逻、植保无人机喷洒农药、航空护林、航空医疗救援、飞行培训、电力巡线、包机飞行、空中拍摄、航空物探、空中广告等。可以说通航业务广泛，消费市场前景广阔。

充分利用现有资源，进一步扩大开放，在省内谋划布局新的通用机场、临时起降点等，筹建机场临空经济区、通用航空产业园、综合飞行营地、文旅飞行营地、县域飞行节点等，积极构建通航产业全域布局。

在太原、大同、长治等地实施通航飞机组装项目，发展航空原材料和航空零配件产业，带动通航飞机及零部件研发制造、维修保障等上下游产业，将通航产业打造成为助推资源型经济转型发展排头兵。

相信在省委、省政府"大力发展通用航空，打造通航强省"的思想指导下，在后二青时代体育产业蓬勃发展的大环境下，建立健全"航空运动＋""＋航空运动"体系，丰富航空运动内涵，山西的航空体育运动必将迎来新一轮的高速发展。

后二青会时代山西青运遗产旅游的发展路径研究[1]

许磊 牛亦博 白宁

山西财经大学体育学院 中国铁路太原局集团有限公司 太原学院体育系

山西省对全国第二届青年运动会的成功举办,青运旅游作为旅游的新亮点,为推动山西省经济、文化、人文环境的进一步改善,提升城市旅游印象,旅游产品重构升级等多方面带来新的契机。体育遗产旅游成为现代人在休闲领域的一项重要体验,以融合的模式创新发展。

1. 体育遗产旅游的融合发展

体育遗产是指前人留下,可以传承的体育文化传统和体育有关的人造物品,从概念的理解,从属于遗产的一部分。论体育遗产旅游,其作为旅游及其衍生品的一种特殊形式存在,是指旅游者前往遗产地点参与或参观体育赛事或活动的旅游行为,是一种"体育＋旅游"的跨界融合模式。

体育遗产旅游存在两种重要的形态,物质文化和非物质文化形态。

---

[1] 基金项目：山西省高校哲学社会科学研究项目（201803081）；山西省体育局科研课题资助项目（17TY133）；山西省教育科学"十三五"规划项目（GH-18032）；山西财经大学校级教学改革创新项目（2018246）。

对于物质文化形态的研究最为常见和直接，体育运动会后，大型体育场馆是人类智慧结晶的物理存在形式，现如今已成为体育遗产旅游的广泛形式之一，运动会前后，体现了举办地的历史文化特征，成为城市的品牌文化之一，代表着体育运动和地区的历史文化融合。体育名人堂或体育博物馆的建造也为人们留下一个历史性的纪念，通过集中展示、互动接触、文化交流，为体育文化的传承提供重要的载体。非物质文化形态的体育遗产旅游主要是运动会举办前后当地民俗体育、人文环境、意识形态的间接体现，将非物质文化注入体育运动中，以体育运动会为契机，弘扬和继承体育文化，感受体育精髓，促进体育教育，带动意识形态的整体发展。

2. 青运会后发展体育遗产旅游的可行性研究

2.1 政策优越，契机良好

政府出台旅游发展策略，助推山西省资源转型跨越发展，运动会的成功举办，为城市综合实力的提升和资源经济有效发展提供有力支持，同时也为体育遗产旅游开发提供了良好的政策保障。国家体育总局和旅游局共同提供发展体育旅游政策，为资源开发利用提供更高一级的政策保障。

山西省成功举办二青会，与人民自我增强的健康意识达到平衡，满足了人民日益增长的运动需求。场馆的增多，体育意识的加强，公众参与度的提高，都离不开运动会的成功申办及举办，为体育产业的发展带来新的路径与机遇。

2.2 需求与供给的平衡状态

体育遗产旅游是旅游的特殊形式之一，存在潜在、现实和选择三方面需求，人们旅游观念的提升，对当代旅游提出更高层次的精神要求，对艺术品的追求日渐增长。体育遗产旅游，尤其是运动会后的遗产旅游，是人类历史的结晶，体现现代人对于体育精神的传承，健康观念的深入人心。山西省青运会的成功举办，不仅是体育历史上的里程碑，同时也是山西体育发展阶段性的成果，运动会后，大量的体育场馆和建筑留下物质性文化状态，更值得一提的是非物质文化形态的发展，是人们体育精神状态的长久保持。

2.3 体育遗产旅游的特殊性

山西省青运会的成功举办，为城市的影响力塑造提供有效支撑，是举办城市人们体育意识的集中体现，人文知识通过物质表现得以宣传，为青运会的传承和发展带来新的契机，提高人的体育文化素养。传统的体育意识通过竞技的方式出现在人们面前，不加修饰地保护着人们对于体育的最初信仰，参与旅游的同时，切身感受传统体育带来的魅力。与此同时，通过运动的欣赏，培养体育运动习惯，感受运动明星的真实体验，也是高于传统旅游的真实意义所在。

3. 山西省青运会体育遗产旅游开发策略

3.1 整体提高城市体育运动影响力

借助青运会的成功举办，建设性地提出城市体育旅游，积极搭建资源平台，制定体育遗产旅游开发策略，预见性地制定战略营销方式，广泛投入体育资源，融合发展体育运动会周边，提供大型宣传活动。[1]

3.2 积极开发青运会特色体育旅游

着重对于青运会的体育周边开发，满足现代游客的体验需求。例如，体育场馆的科技游览、开闭幕式的实景体验、名人堂青运会冠军的模拟体验、体育知识大讲堂的知识宣传、青运会体育主题公园的参观、青运会黑科技大型仿真游戏的体验。这些均可反映人文、生态、科技

---

[1] 彭延春：《后奥运时代北京奥运遗产旅游的开发策略》，《体育与科学》2011年第32期。

的青运会的独特魅力所在。

3.3 全面制定体育遗产旅游专项开发营销

首先，完善山西省体育旅游信息系统，整合有效资源，规范市场秩序，形成有保障、有服务、有依托的良性体育旅游市场，营造全面积极向上的青运会遗产旅游服务链。

其次，为加强青运会带来的城市影响效应，巩固青运会在山西省的品牌效应，体育工作者应充分吸收重组媒介、旅游、市场等多方面的多变因素，加大和延伸青运会遗产旅游效应，制定宣传推广整合计划。[1][2]

最后，运用修学采风活动，以教育为媒介，借助修学旅游，切实体验青运会带来的真实感受，加强人们对体育的更深层次的理解，以体验式的学习模式感受体育文化的魅力。

4. 结语

体育遗产是人类体育劳动的智慧结晶，充分体现一个时期当地的体育文化和人文环境。体育遗产旅游开发，是体育和旅游的有机结合，借助青运会的举办，充分挖掘城市文化和体育遗产资源，构建长期良性旅游开发策略，切实加强真实运动体验，提高人们的健康水平和体育意识，满足人们日益增长的体育需求，为山西省"健康山西"工作提供有效的支持。

---

[1] 周明华：《体育文化遗产论文集》，《中国体育科学学会》2014年。

[2] 肖巧荣、刘晓鸥、陈小蓉：《四川省体育非物质文化遗产旅游资源利用研究》，《四川体育科学》2018年第37期。

太行山脉历史文化资源背景下体育旅游的 SWOT 分析与发展路径

刘易斯　王晓红

吕梁学院体育系　山西大学体育学院

体育旅游是体育与旅游有机结合为一体的一种旅游类型，是当前热门的旅游形式，正受到日益关注和重视。2014年我国颁发了《关于促进旅游业改革发展的若干意见》，就提出了"积极推动体育旅游"，其后体育旅游迅速成为一种时尚的旅游形式。文化旅游是以享受文化熏陶为目的的旅游，是以感知、了解、体察人类文化具体内容之目的的行为过程，文化旅游正成为当前热门的旅游类型。由于体育旅游和文化旅游符合旅游者崇尚健康、回归自然、休闲娱乐和感悟文化的现代旅游观，两者的结合是一种必然趋势，"去文化圣地里享受运动快乐，在运动快乐中接受文化熏陶"正成为旅游新理念。大到北京奥运会、南京青运会等大型赛事，小到门球、广场舞等群众赛事，参与者无不在享受运动中体会着地域文化的熏陶，在地域文化的熏陶中领悟着生命的真谛。

雄峻的八百里太行山脉正迎来旅游业中最大的机遇，山西省人民政府极力打造的"黄河、长城、太行"三大旅游板块中，太行山脉群山环抱、表里河山、风光奇特，既有自然天成之美，也有文化厚植之韵，还有历史遗存之重，更有民俗多彩之姿，正是发展体育旅游与文化旅游的绝佳之地。但纵观山西旅游推介政策,却缺乏了充分利用太行山脉历史文化资源,开展丰富多彩的体育旅游的内容。为此,本研究试图通过对太行山脉历史文化资源的类型及其特征分析,梳理适合与体育旅游融合的历史文化内容,然后对在其间开展体育旅游进行SWOT分析,并据此提出体育旅游的发展路径。为山西文化旅游发展添砖加瓦,为山西体育旅游开展提供建议。

1. 太行山脉历史文化资源研究

1.1 太行山脉历史文化资源的类型及其特征

山西物华天宝、人杰地灵,是华夏文明的根脉和摇篮,素有"五千年中国看山西"的美誉。尤其是山西东部雄峻的八百里太行山脉,其自然资源与文化资源极其丰富。历山、蟒河、古堡等自然资源各具特色,从远古到尧舜、从唐宋到明清、从民国到抗战,这里留下的历史遗迹、文化遗产、民俗民风等历史文化资源不计其数。而且,其独特而多样的文化资源更是融于自然环境之中,构成了太行山脉"抬头是景、低头是史"是独特资源。进行初步整理认为:太行山脉主要有始祖文化、佛道文化、医药文化、红色文化和民间文化五类。

表1 太行山脉历史文化类型

分类	主要分布区域
始祖文化	高平炎帝庙、羊头山神农镇、垣曲历山舜王坪
佛道文化	忻州五台山、晋城玉皇庙、青莲寺、长子法兴寺、平顺天台庵、泽州开化寺、陵川崇安寺
医药文化	历史遗存:羊头山神农庙、神农阁 平顺党参、壶关紫团党参、陵川连翘
红色文化	武乡、左权的八路军太行纪念馆和抗战砖壁,王家峪、义门等旧址,昔阳大寨
民间文化	阳城皇城相府、平顺阱底村、陵川马武寨村等 左权民歌小花戏、高平九联灯、原平炕围画等

1.2 太行山脉历史文化资源的开发现状

太行山脉的旅游开发虽然较为落后，但也形成了许多精品路线，如四大佛教圣地之首五台山、北方最大的大峡谷群之太行山大峡谷等，都是全国闻名、特色鲜明的旅游区。但相比太行山脉丰富的旅游资源而言，其开发尚处于初始阶段，众多特色鲜明、文化价值突出的地区尚待开发，如沁河历史文化名村、古堡等。而丰富、典型的历史文化资源更是处于无序状态，个别地区（如武乡的红色文化）开发也未形成规模、特色，远逊于其他地区（如井冈山等）。

2．太行山脉体育旅游研究

2.1 体育旅游的类型及其特征

体育旅游产业是"环保时代""绿色时代"和"生态时代"主流色调的产业，其最大的生命力在于具有公众的参与性，旅游者在旅游与运动的双重刺激下，可以获得生理与心理相结合的自我情感体验过程。

体育旅游虽然刚刚兴起，但其成长迅速，在市场中体育旅游业已形成了包括休闲体育游、观光体育游、竞技体育游在内的多种类型的体育旅游类型，并形成了钓鱼、登山、崖降、跳伞、野营、自行车、冲浪、骑马、高尔夫、探险、攀岩、滑雪、武术、徒步、观看大型运动会等多种体育旅游形式。

2.2 太行山脉体育旅游的开发现状

太行山脉体育旅游资源丰富，如地文景观类的北武当山、太行峡谷、宁武冰洞等，水域风光类的汾河水库、娘子关瀑布、齐村温泉等，气候天象类的五台山、恒山等，生物景观类的老顶山国家森林公园、五台山的五花草甸、历山高山草原等，文物古迹类的下川遗址、炎帝陵等。大多数的体育旅游形式都可以太行山脉开展。

现在，太行山脉的体育旅游主要以竞技体育游和刺激体育游为主。

2004年天河山定向越野挑战赛、2016年红山自行车越野挑战赛等全国比赛在旅游景区举行，有众多的体育爱好者前来参与；徒步、露营、攀岩、攀冰、自行车、定向越野、马拉松等项目也时有开展，并形成了一定规模和品牌，如五台山的徒步"朝台"、长治的"太行之巅行走"等。

3. 太行山脉历史文化资源背景下体育旅游发展的SWOT分析

3.1 优势分析

3.1.1 自然资源与历史文化资源结合的优势

太行山脉中"处处是景，景景不同，景中有史，史史精彩"。

剥蚀堆积的历山既有壮观优美的自然景观、舜耕历山的美丽传说、下川遗址的厚重历史，还有"舜王祭祀"等民俗文化活动；重峦叠嶂的蟒河湍急似箭的山涧清泉，不仅有棋定天下的历史典故，更有"为问高标谁是伴？老松冬岭正青葱（杨柏朋·清）"的文化气息；群山环抱的历史文化名村(古村落和古堡)在太行山脉的沁河流域就有19个，他们每一个村落、第一座古堡都有一段真实的历史。诸如此类，太行山脉中数不胜数，几乎每一个自然风光中都涵盖着历史文化，这正是山西旅游的最大优势所在。

3.1.2 多种文化类型与多种类型体育项目结合的优势

多自然、文化资源的太行山脉有着与体育结合的天然优势。奇峰险峻、多姿的太行山脉为户外项目提供了绝佳的环境，而红色文化、始祖文化探险使运动更具意义；峡谷幽深中穿行的沁河水系是水上体育娱乐项目的理想之地，而九仙女等传说为其提供了文化气息；鬼斧神工、天人合一的挂壁公路，使奔跑、骑行其间的人们深深体会到革命者的胆略与气魄；顺势而为、奇思妙想的乡村古堡处处有机关、时时有奇巧，正是定向寻宝、武术竞赛的绝妙之所。舜在棋子山下设计的围棋现已经成为全球最精妙的体育游戏，棋子山前赛一赛围棋是将文化与运动融合的最佳设计。

3.1.3 业已形成一定的品牌优势

山西旅游不缺乏名片,例如平遥古城、五台圣地、皇城相府等享誉世界的旅游宝地。但山西旅游的深度开发明显不够,"又见平遥""又见五台山"等历史文化剧是其中的少数精品。更多地区还停留在"以景旅游、靠景发展"的原始旅游生态中。体育旅游虽然处于初级阶段,但也有些地区在进行着尝试,并逐渐形成一定的影响力。

五台山的徒步"朝台"现在已经成为资深徒步者的传统活动,长治的"太行之巅行走"也是一条经典徒步线路,太行山大峡谷的"冲关大峡谷"吸引无数爱好体育的年轻人结伴而来,享受着运动、体会着娱乐;相传舜帝创造围棋、箕子推演天文、鬼谷子演练阵法、刘秀棋定天下的棋子岭,正在申请世界围棋发源地。

3.2 劣势

3.2.1 基础设施缺乏层次

"历史文化+体育旅游"是一个高度综合的产业,需要文化、体育、旅游、规划、土地、工商等多个部门的通力合作,这需要政府起主导作用。但现实的情况是由于对"历史文化+体育旅游"的认识不足,导致基础设施差,并且缺少层次。丰富的文化旅游资源并没有被充分利用和发掘。从旅游的硬件设施看,各个景点均存在基础设施差、安全隐患多的问题;从文化的软件储备看,景点对历史文化资源的认识普遍不足,对历史文化资源的整理不重视。

各类型的历史文化资源间没有层次。其实,太行山脉的文化旅游资源本身就是一部中华民族的奋斗史,这里不仅能找到文化,更能看到文化,但由于没有对文化资源的整合使得这里的文化资源非常繁杂,导致特点不鲜明。

3.2.2 体育旅游资源配制落后

整个太行山脉的各市各县均对"历史文化+体育旅游"资源的认

识不足，致使体育资源的配置非常落后。从体育场馆、健身场所等硬件设施看，数量本就不多的场馆全部建设在市、县，体育场馆标准也是进行大型竞技体育比赛的标准，好看却不实用，健身场所也只是趋于一般性的健身，只有少数景点具备体育旅游的设施。相关的旅游交通、旅游宾馆（饭店）的接待能力、服务质量和卫生情况也较差，还有待进一步提升。

3.2.3 体育旅游观念落后

对太行山脉中的各级政府而言，体育旅游本身就是一个新兴行业，对其和历史文化的融合更是不了解，对其可能产生的社会经济作用、未来发展前景缺乏足够的认识，面对体育和旅游还是按照惯性思维分开对待，对"历史文化＋体育旅游"的规划、开发、保护、策划、营销等均缺乏足够的认识和整合，对现在存在的个别体育旅游企业采取不支持、不鼓励的态度，体育旅游观念的落后是制约"历史文化＋体育旅游"发展的最大障碍。

3.2.4 体育旅游形式单一

太行山脉体育旅游开展的地域主要集中在太行山大峡谷、河等少数区域，开展的形式主要是户外探险的攀岩和登山，参与的主要人群是体育专业人士或资深运动"达人"。开发形式和开发内容都处于简单粗放型。其问题主要有：首先，资源开发同质化，现有的开发类型基本上是依靠自然环境进行攀岩和登山单一开发，没有特点也难以持续；其次，没有形成较为完善和传统的赛事或活动，传统赛事或活动能够长期吸引爱好者参与，其宣传作用和经济效益均非常显著，但太行山脉地区偶尔举办过体育比赛或体育活动，但没有形成传统、连续的赛事或活动；第三，基本没有利用历史文化资源，五台山的"朝台"活动是一项长期在徒步圈内流行的传统活动，这是太行山脉中少有的利用历史文化资源而形成的传统活动，太行山脉中历史文化资源非常多，但基本没有得到利用。

3.3 机遇

3.3.1 山西省促进旅游的大好环境为体育旅游创造了发展平台

2015年6月4日，山西省人民政府就明确表明"大力推动旅游业与文化、体育、农业、工业等相关产业融合发展"；2016年11月4日，山西省人民政府出台政策促进旅游投资和消费；2017年9月，山西旅游业推出新奖励政策以"引客游晋"；2017年12月3日，山西省政府正式开始打造黄河、长城、太行三大旅游板块。山西旅游在一系列的政策引导下，正力图从资源型省份创新驱动和转型升级为旅游大省。应该说，山西旅游的黄金期到了。

3.3.2 全国健身热带来的休闲健身观念为体育旅游提供了发展动力

自1995年国务院发布实施《全民健身计划纲要》始，全民健身就逐渐成为一种全社会的共识；2009年9月16日《全民健身条例》由中华人民共和国国务院颁布，全民健身热情逐渐高涨；2014年11月20日，《国务院关于加快发展体育产业促进体育消费的若干意见》颁布，将全民健身上升为国家战略，体育产业迎来大发展的机遇；2016年10月25日，中共中央国务院印发《"健康中国2030"规划纲要》，全民健身、健身健康的理念已经植入中国人的心里，正逐渐成为人们的生活方式。而这正是"体育休闲业发展的契机"，体育旅游正是体育休闲业中的"六大亮点产品"之一；2016年12月22日，国家旅游局、国家体育总局共同印发《关于大力发展体育旅游的指导意见》中明确提出，"体育是发展旅游产业的重要资源，旅游是推进体育产业的重要动力"，体育旅游业正逐渐兴盛。

3.3.3 山西举办中华人民共和国第二届青年运动会为体育旅游带来发展契机

全国青年运动会是专门面对14至18岁年轻人的全国性的大型综

合性体育盛会，是调动青少年训练积极性的有力杠杆和重要抓手，更是衡量我国竞技体育可持续发展水平的重要标志。2019年，山西太原举办中华人民共和国第二届青年运动会，这是山西第一次举办大型运动会，这是一个发展的契机，是一个宣传山西文化、展示山西体育的平台。如何借助这次体育契机，将"雄奇太行、秀丽太行、红色太行、古韵太行"的太行板块展示给世界，是摆在山西各级政府、旅游界、体育界人士面前的课题。

3.4 挑战

3.4.1 山西旅游和历史文化资源的分散、繁杂

有"表里河山"赞誉的山西自然资源和"五千年中国看山西"美誉的山西历史文化资源虽然非常丰富，但也存在着诸多问题。首先是自然资源分散，交通状况不佳，往往坐很久的车到达某地只能看到很少的景，这使得旅游者的旅游兴趣减少，这是影响山西旅游的一大弊端，也是难以克服的硬伤，解决这一问题的根本原因就是在旅游中增加文化内涵，促进文化旅游；其次是历史文化资源繁杂，尤其是太行山脉中，相比已成体系的晋商文化、根祖文化，太行山脉中的红色革命文化、尧舜帝王文化、沁河村落文化等文化形式的开发还处在初级阶段，尚不成体系，这是影响山西文化旅游的软肋，解决这一问题的根本原因就是加大对文化体系的整理与完善。

3.4.2 全国体育旅游热带来的冲击

体育旅游虽然是新兴行业，但体育旅游巨大的市场潜力和发展前景致使其发展非常迅速，各地政府、各级人才纷纷进入体育旅游行业，促使体育旅游迅速发展。湖北、陕西、贵州、滇西、京津、京杭、皖南等关于体育旅游的研究成果业已为地区体育旅游的发展进行了把脉，而更多的地区是直接进入了行业实践，体育竞赛游、民俗风情游、竞赛休闲游、探险寻宝游、水下体验游等多种体育旅游形式业已在实践中成长、完善。在这一方面，山西已经落在了后面，如果不能迅速借

助历史文化的优势发展，将会失去这一宝贵的机会。

4. 太行山脉体育旅游的发展思路

4.1 制定历史文化与体育融合发展战略，确定"历史文化＋体育旅游"项目区

政府牵头主导，对太行山脉的历史文化资源进行分类整合，结合地理和资源条件，确定"历史文化＋体育旅游"项目区。建议分为徒步寻根体验、红色励志体验、古堡防御体验、极地探险体验、水上娱乐体验等板块。在此基础上确定各板块的文化主题、行动计划和实施方案，实现太行山脉旅游的一体化发展。

4.2 优化资源开发模式，开发"历史文化＋体育旅游"形式

太行山脉体育旅游的开发模式可归结为"历史文化＋体育旅游"或"体育旅游＋历史文化"，前者主打文化牌，强调历史文化，主推历史遗迹考察和民俗节庆活动等模式，让旅游者在参与活动的过程中参加体育运动、享受旅游快乐；后者主打体育牌，强调体育赛事，开发地域性传统赛事或承办全国性大型赛事，吸引体育爱好者参与赛事，并在赛事中实现历史文化熏陶、享受旅游乐趣。

4.3 打造精品路线，形成核心竞争力

太行山脉"历史文化＋体育旅游"资源类多质优，应该充分挖掘地方特色，形成精品项目和特色项目，打造属于自己的多元"历史文化＋体育旅游"产品。如五台山的"朝台"项目一般，武乡县可开发负重红色越野铁人赛（越野跑＋攀登＋自行车）等，古村落可开发古堡寻宝（定向越野＋搏斗＋无线电测向）等，逐渐形成一批"铁粉"，提升市场核心竞争力。

4.4 完善相关政策，为"历史文化＋体育旅游"开发保驾护航

政府应该进行综合考虑，制定符合太行山脉的"历史文化＋体育旅游"政策、战略、措施等。各级政府要在财政、土地、税收、金融等方面，扶持、引进一些专业化水平高的旅游或体育企业经营。同时，还应该积极完善相关的保险、法律等，为经营企业保驾护航，为旅游者提供保障。

参考文献

[1]中华人民共和国中央人民政府站.http://www.gov.cn/zhengce/content/2014-08-21/content_8999.htm

[2]https://baike.baidu.com/item/%E6%96%87%E5%8C%96%E6%97%85%E6%B8%B8/6311468?fr=aladdin

[3]山西旅游发展委员会．http://zw.shanxichina.gov.cn/sitefiles/sxzwcms/html/zwdt/zwyw/15236.shtml

[4]于素梅．影响我国不同群众参与体育旅游的因素[J]．上海体育学院学报，2007,31(3):24—28．

[5]王峰．山西体育旅游开发研究[J]．体育文化导刊，2009(07):61—64．

[6]搜狐新闻网 http://news.sohu.com/20040923/n222194473.shtml．

[7]山西省人民政府网 http://www.shanxigov.cn/sxszfxxgk/sxsrmzfzcbm/sxszfbgt/flfg_7203/szfgfxwj_7205/201506/t20150604_145735.shtml

[8]山西省人民政府网 http://www.shanxigov.cn/sxszfxxgk/sxsrmzfzcbm/sxszfbgt/flfg_7203/bgtgfxwj_7206/201611/

t20161116_259938.shtml

[9] 新华网 http：//m.xinhuanet.com/sx/2017−09/22/c_1121706768.htm

[10] http：//www.sohu.com/a/193972417_99958709

[11] 国家体育总局 http：//www.sport.gov.cn/n16/n1092/n16849/312943.html

[12] 中华人民共和国中央人民政府 http：//www.gov.cn/flfg/2009−09/06/content_1410716.htm

[13] 中华人民共和国中央人民政府 http：//www.gov.cn/zhengce/content/2014−10/20/content_9152.htm

[14] 央视网 http：//news.cctv.com/2016/10/25/ARTIO9MjUy6gnxaJEsa8Go9O161025.shtml

[15] 钟秉枢.全民健身国家战略的提出与体育休闲健身产业的发展[J].体育科学,2015,35(11):19−23.

[16] 邱建国,徐瑶,任保国,周君华.《国民旅游休闲纲要》实施目标下我国健身体育旅游公共服务体系的构建[J].北京体育大学学报,2015,38(11):36—42.

[17] 王辉.国家旅游局国家体育总局共同印发《关于大力发展体育旅游的指导意见》[N].中国体育报,2016−12−23(001).

二青会对山西旅游业的影响

高飞　侯婵莉

山西体育职业学院　忻州师范学院体育系

1. 二青会对山西旅游业的积极影响

1.1 增加山西旅游业收入和就业岗位

用全域旅游的理念振兴山西旅游业。山西省省长楼阳生曾在2016旅游发展大会上表示，"要树立新的资源观，抢抓经济下行倒逼转型和旅游消费需求提速升级的重大机遇，大力推进旅游业改革发展，着力打造旅游目的地，加快把文化旅游业培育成山西省战略性支柱产业，建设与旅游资源大省地位相适应的旅游强省"。比赛期间，将有大量的游客涌入山西观看赛事及借助观赛参观山西旅游景区，对旅游业影响最明显的就是游客数量的增加，进而增加了旅游收入和就业岗位。二青会结束后的旅游效应将会继续发展，如通过参观青运场馆、青运村或让游客购买青运会纪念品等，吸引省内外游客到山西旅游、休闲、度假，从而带动山西省的体育旅游效应，促进该地区体育旅游业的快速发展。

1.2 提升山西国际知名度和重塑山西旅游形象

说到山西给人们的第一印象就是煤炭，但不断塑造和展示山西美好形象的传播是全省共同努力的方向。2016年，山西省委书记骆惠宁做出了塑造和展示山西"六个形象"的战略决策。而二青会是山西省首次举办的全国大型综合性运动会，参赛人数也将创历史新高，二青会将是一次规模空前的体育盛会，是一次重塑山西在国内形象和知名度的良好契机，通过二青会加大对山西体育旅游文化的宣传推广力度，如 2015 年山西 25 个体育旅游项目获评"国家级精品"称号，2015 中国体育旅游十佳精品景区、线路和赛事 3 项、2015 中国体育旅游精品景区、线路和赛事 22 项。2018 年山西 5 个项目入选中国体育旅游精品项目，山西芮城圣天湖景区、交城县果老峰景区获评中国体育旅游精品景区；中国晋中国际柔力球交流大会、山西晋城棋子山国际围棋文化节获评中国体育旅游精品赛事；山西晋中市获评中国体育旅游精品目的地。特别值得一提的是，中国晋中国际柔力球交流大会还获得中国体育旅游十佳精品赛事的殊荣。

山西为了青运会的顺利进行，树立良好的国内形象，办成全民参与的体育盛会，在 2019 年 1 月开始面向全社会公开招募二青会志愿者 40500 名，其中城市志愿者会为游客和来宾提供交通引导等志愿服务。此外，青运村建有志愿者服务中心，作为二青会志愿者展示、交流的平台，为运动员和来自八方的宾客提供优质、温馨的志愿服务。从历届大型体育赛事对赛事举办地的形象和知名度的提升就可以证实，这些举措对举办地形象的提升起了至关重要的作用。

1.3 加快城市基础设施和环境建设

在赛事规划上，主办单位除了对赛事本身投入大量的资金与精力，也不会忽略其相关的场馆设施与制度，在政府的大力支持下，可降低发展旅游所需的成本。根据太原市总体布局和特点，积极推进满足太原市民休闲健身的城市绿道系统规划建设，规划建设以"一河（汾河），两山（东、西山），七湖（晋阳湖、迎泽湖、龙潭湖、文瀛湖、森林公园人工湖、清徐东湖、清泉湖）"为中心，连接全市旅游景区、休闲公园、公共文化体育设施的城市绿道系统，促进体育健身、旅游休闲、城乡交流和绿色经济的快速发展。

运城市承担着二青会圣火采集、跆拳道比赛以及后期有可能增加的其他一些项目。2018年3月17日，运城市副市长陈竹琴特别指出，要加快推进场馆周边设施建设、景观改造、环境整治的进度，充分展现文明有序的良好城市形象，真正让全市人民从承办二青会中得到实惠。忻州市将在二青会期间承办拳击比赛，目前比赛场馆内部及外围的维修改造已经全面展开。忻州市副市长王月娥向调研组介绍了筹备工作进展情况。苏亚君等对馆内设施、功能用房、水电改造等提出具体指导意见和建议，并表示筹备工作要遵循"量力而行、量入为出、节俭办赛"的基本原则。

1.4 提升山西旅游业的软硬件水平

举办二青会所带来的投资效应使得山西旅游产业规模壮大，不仅提高了山西旅游业的软件水平，如提升了体育赛事中的旅游服务质量，还极大地改善了旅游硬件设施，如在体育产业的融合发展上，太钢集团投资兴建了花园体育文化中心，中保集团在森林公园建设了高尔夫俱乐部及高尔夫练习场，并通过单项协会来开展体育旅游文化活动，骑游协会、棋类协会、武术协会等与市文物局在小太山开展了九九重阳登山节，创立了以体育为内容、"琴棋书画，诗酒花茶"为主题的太山八雅文化，打造了体育与旅游相结合的文化品牌。

创建一流的体育旅游场地（馆）、设施和一流的旅游饭店；开发一批大众化、多样化、趣味性且刺激性和挑战性强的旅游产品。旅游产业的发展可重新调整产业结构，依托一些大的公司和企业的优势，对旅游企业资产进行重组，淘汰一些没有竞争力的企业和商品，形成一批凝聚力大、开发实力强的旅游企业集团。通过二青会巨大的聚焦效应，提升一批体育旅游品牌形象及产品质量，优化旅游要素结构，使旅游资源进一步深度开发，使一批为竞赛服务的民营企业转化为具有先进的科技成果和管理理念的新型企业。

1.5 加强青运会理念的传播，提高全民健身意识

配合太原市承办二青会，在全市开展以"全民健身与青运会同行"为主题的活动，营造浓郁全民健身氛围，掀起新一轮全民健身热潮。山西二青会赛事将会是增强市民体育参与意识的一次转折机会，提高市民对体育旅游的认知，体育赛事旅游也会成为山西市民广泛接受的旅游方式。积极推动山西省开展群众性体育旅游活动，如2018年山西共承办了28项国内外重要赛事，给全省群众带来了观赛体验。打造大众参与类体育旅游产品，围绕二青会开展群众体育旅游线路及产品，逐渐形成体育赛事游、场馆观光游、徒步健身游、专业滑雪游、体育节庆游等精品体育旅游线路。达到山西承办二青会体育赛事增强山西市民健身意识，提高体育旅游消费意识，提高市民对体育及体育旅游的关注度，从而提高市民外出参与体育旅游的兴趣，有助于他们养成良好的健康生活方式，形成积极的人生价值取向。

2. 二青会对山西旅游业的可能消极影响

2.1 大量游客的涌入可能使交通矛盾突出

交通是实现旅游者空间转移的必要手段和途径，只有游客能够顺利地进入赛区或到达景区，才能产生后期的旅游消费行为。如果交通拥挤或堵塞、出行时间比较长，人们往往会放弃旅游的选择。即使最终到达旅游目的地，也会由于拥堵影响到游客的观赛和旅游兴趣及激情，这种情绪甚至有可能会影响到游客对今后赛事旅游的选择。一方面想去观赛的游客因交通堵塞不得不放弃旅游；另一方面，已出去旅游的游客因为交通不能顺利返回，甚至产生滞留景点的问题，给游客带来极大的不便。

二青会赛事期间，由于大量游客涌入观赛或旅游将使举办赛事城市，尤其是省城太原的交通运输压力大大增加，在交通方面将会给当地居民的正常生活带来负面影响。如2000年悉尼奥运会期间首次出现

"反旅游"现象，即一些居民为躲避大规模人流，纷纷逃离自己所居住的城市。

旅游交通是旅游业发展的前提，旅游业的进一步发展，需要统一调度，衔接好民航、铁路、公路、水路等各种运输方式，形成便捷、通畅、高效、安全的综合旅游交通运输体系。

2.2 致使物价上涨、消费水平上升

随着二青会各项赛事的陆续开赛以及开幕式的临近，省内外来人口会随着增多，进而推动山西餐饮业迅速壮大，导致物价上涨、消费水平上升，各大旅游机构预测"二青会期间机票、酒店资源价格上涨，加上门票等稀缺资源，山西二青会赛事里相应产品的价格比平时肯定要贵"；另一方面是旅游业的发展具有针对性，主要涉及高中端消费群体。

二青会期间为保障居民的基本生活质量在正常消费之内，政府建立健全赛事旅游城市商品服务市场正常价格和服务质量监督机制，规范和提升综合管理服务水平。与此同时，着重加强和改善赛事旅游城市的消费软环境，针对不合理高涨物价，要进一步完善市场退出机制，进行价格的调控积极开展文明消费、合理消费的宣传。

2.3 面临重负的环境压力和污染压力

二青会的举办对环境的影响受到各界的关注。赛事准备期间，主办城市新建和改建比赛场馆，完善城市基础设施会产生大量的建筑垃圾，大量游客的涌入也让赛事举办地面临一定的环境压力和污染压力。对于重要自然和文化遗产保护而言，大量游客涌入也将会是严峻的考验。

2.4 赛后场馆和设施利用率不高

二青会赛后场馆和设施的利用是个难题，二青会结束后，尝试走一条"体育+"融合发展的特色之路，提升赛后体育场馆和设施的运营

服务水平，引入专业人员提供多元专业化服务，吸引群众参与健身活动。赛后体育场馆管理应该做到经济效益、社会效益和人才效益相结合，山西体育中心、滨河体育中心、网球中心、水上运动中心、沙滩排球场是二青会给太原留下的宝贵的财富，在兼顾社会效益和经济效益的同时，（如除了通过高端赛事、庆典晚会、品牌发布、文艺演出、艺术展览展示，也可以开启"互联网+"模式。）还应起到培养体育人才、推广山西体育文化的作用，把赛后体育场馆管理作为推动山西全面健身的良好契机。

3. 结语

二青会的举办对山西旅游带来积极的影响是毋庸置疑的，但是也会给城市居民带来负面影响，赛事举办城市最大限度地消除负面影响，抓住这次赛事的机遇，进一步促进举办地旅游业的和谐健康发展。

参考文献

[1] 和立新，张和. 我国体育赛事举办城市促进体育旅游服务质量影响因素分析[J]. 北京体育大学学报，2014,37（6）:16—20.

[2] 张倩，谢祥项. 海南省大型体育赛事与旅游融合发展的价值和策略[J]. 体育文化导刊,2018,11:106—110.

[3] 鲁天学. 基于知识图谱的我国体育旅游研究领域可视化研究[J]. 南京体育学院学报(自然科学版),2017,16(2):134—140.

[4] 山西省旅游发展委员会. 山西省"十三五"旅游业发展规划[EB/OL].http://zw. Shanxi china.gov.cn/index. php/fininfo/4440.shtml.

[5] 国家旅游局，国家体育总局关于大力发展体育旅游的指导意见（旅发〔2016〕172号）[EB/OL]. http://www.cnta.gov.cn/zwgk/201612/t20161222_810129.shtml.

2022年冬奥会背景下大同市冰雪体育旅游发展对策研究

李翠霞 赵岷 曹亮杰

山西大同大学体育学院

城市想要发展，必须搞活经济，开发和利用自身的特点是经济发展的必由之路。滑雪运动一直以来就是追求极限的代名词，随着经济的发展，各种设施的发展逐渐趋于成熟，滑雪运动的安全性提高，慢慢地成为人们冬季外出游玩的一种新选择。有需求就会有经济，随着人们对身心健康的重视，越来越多的人加入冰雪体育活动中来。

大同曾是北魏的都城，幅员辽阔，人口众多，旅游资源丰富，位于中西部交汇之所，是"西部大开发"战略的重要路线之一，位于陕西省、内蒙古自治区、河北省三地咽喉，交通便利，高铁时代的来临更是让全国各地的人们可以便捷地领略到大同的美好风光。大同市海拔较高，都在1000米～1500米之间，这也就造就了其气候比较寒冷、冬季较长的特点，同时为大同带来了丰富的冰雪资源。2022年北京冬奥会的契机已经来到，国内冰雪运动迎来发展的黄金时段，各个省区都在积极地发展冰雪运动，大同市也应乘风而起，顺应时代潮流，构建文化软实力，推动大同市冰雪体育旅游产业的发展。

"冰雪旅游指依托冰雪资源、冰雪景观和冰雪气候等主要旅游标志物，开展以冰雪文化内涵为体验目的的各种旅游活动形式的总称。"而冰雪体育旅游最吸引人的卖点就是人们可以在运动中领略大自然的美好风光，体验冰雪运动带来的一系列自我感受和强身健体的作用，如挑战自我、追求刺激、放飞身心、缓解压力、锻炼身体等。可以说冰雪体育是一项集刺激性、健康性以及娱乐性为一体的旅游产品。我国冰雪体育旅游产业还有巨大的增长空间和发展潜力。

1. 大同市冰雪体育旅游资源现状

1.1 大同市发展冰雪体育产业的自然条件

大同市位于古语所说的塞外边陲，北边的界限就是外长城，处华北地区和山西地区背斜与阴山隆起的交界部位。其山脉众多，主要有恒山、采凉山、白登山、弥陀山、七峰山、六棱山等。全市海拔较高，大部分在1000米～1500米之间，西北及东北部地区海拔较高，主要是一些山地和丘陵，东南部地区海拔较低，多为平川。这也就造就了大同市地形由西北向东南倾斜，形成了滑雪运动必要的坡度，为冰雪产业的发展创造了合适的地理条件。大同市受季风气候的影响，四季鲜明，冬季长达4个月，降水较多，平均约为8.06mm，平均温度较低，在零下10摄氏度左右，大同市致力于经济可持续发展，注重环境的保护和治理，空气质量良好，这也形成了良好的降雪，带来相对较长的滑雪期，降低了造雪成本，为开展冰雪体育活动提供了丰富的资源。

1.2 大同市雪场及冰雪体育产业现有规模

大同市处于山西省和内蒙古自治区的边界，山地颇多，水资源也丰富，非常适合建设大型滑雪场，万龙滑雪场就在此提前落子布局，并且真正实现夜间滑雪。

在市政府的大力支持下，大同市现有滑雪场5家，部分硬件设施完善，其中设施先进的万龙滑雪场的经济发展更是大同市冬季旅游产业发展的重要组成部分，在冰雪行业发展的同时，也有与冰雪体育产业相关的诸多产业创造了可观的经济效益。

万龙白登山滑雪场位于山西省大同市白登山森林公园内，距离大同大学4.7千米，总占地面积3700亩左右，由万龙经验团队提供建设、运营、技术等全方位的经营管理，由张家口崇礼万龙滑雪场投资，投资总额17亿元人民币。滑雪场最高海拔1240米，垂直落差为122米，总开放雪道16条、这其中初级雪道有4条、中级雪道6条、高级雪道6条，总长度约为8600米，人工造雪面积达33公顷，可以容纳3000多人一起滑雪。还有各种娱乐项目，有为观光者设计的雪雕长廊，有为亲子游设计的雪地迷宫、雪地转盘和雪堡乐园，还有极限体验雪地摩托等。在2018年又投入建设了四人吊椅式索道3条，全自动雪地魔毯4条，给热爱滑雪的游客带来了更好的体验。为保证游客的安全，滑雪场配备了3500套各种保护用具，如头盔、滑雪服、滑雪镜、手套等，此外还有70多位教练员给大家提供技术指导和安全保护。

大同卧龙山滑雪场位于山西省大同市平城区，距离大同大学10.9千米，规模较小，设施老化，收费便宜，适合初学者和亲子娱乐放松。包括中级雪道700米、高级雪道750米、综合雪道1200米、索道500米，还有雪橇场地、雪地摩托场地等。

玉安滑雪场位于山西省大同市阳高县重兴镇内，距大同大学32千米，玉安滑雪场是玉安生态岛的项目之一，主营项目以温泉为主，滑雪休息时可以泡温泉，规模较小，项目一般，设施老化。

七星雪魏都滑雪场位于山西省大同市魏都大道南端，距大同大学9.6千米，由北京七星雪旅游景区管理有限公司投资，地理位置优越，配套游乐场，非常适合亲子滑雪，还能玩游乐场的各种项目。

恒山冰雪嘉年华位于山西省大同市浑源县内，利用北岳恒山独特的地理位置和环境，再加上人工造雪系统，造就了一个6000平方米的冰雪大世界。拥有独特的观赏项目，如冰雪桃花园、冰山穿越等，还有奇特的陆战坦克、雪上飞碟等，再通过各种彩灯与冰雪的结合，打造了一片优美的视觉盛宴，完美地展现了恒山的魅力。

大同市在第三届吉林冰雪产业博览会上荣获"2018中国十佳冰雪旅游城市"称号，能够在众多有着冰雪资源的城市中脱颖而出，这与大同市政府的大力支持是分不开的，大同市政府一直把冬季冰雪产业的发展当成重点工作来抓。

2. 大同市冰雪体育旅游存在的问题

2.1 赛事较少，后备人才培养不足

随着社会经济的发展，大同市冰雪体育旅游也慢慢暴露出了许多迫在眉睫需要解决的问题，现阶段大同市高水平冰雪体育比赛较少，雪上项目刚刚起步。

人才培养结构体系不完善，一直以来由于大同市忽视了冰雪体育人才培养问题，对培养冰雪体育方面的人才重视不够，高等院校没有专门教授冰雪运动技能与知识的专门学科专业。导致了现阶段大同市十分缺乏冰雪体育产业的专门人才，特别是具有专业知识的技能型体育人才。

2.2 资金缺乏和合理利用存在问题

产业的发展需要资金的投入，而冰雪体育产业前期所需投入的资金更为重要，这决定了大同市雪场所能够购入什么样的设施，建设多大的规模，服务质量是何水平等，而地方政府拨款面对所欠缺的资金链显得杯水车薪，这也是冰雪产业想要发展所面临的一个重要问题。

开源为主，节流为辅，这种条件下，如何合理利用有限的资金，创造更可观的产业发展显得尤为重要，面对巨大的冰雪市场，我们该建设一个什么规模的冰雪产业，走低消费还是高体验、高流量还是高品质？这是急迫需要解决的问题。

2.3 场地设施、规模结构存在问题

冰雪体育旅游的开发也是一项需要积极依托场地设施的产业，好的场地不仅能利用优美的风景吸引消费者，还能利用合适的外界低温环境和良好的水源降低开发者的后期投入资金，有利于资金的回流，也能够降低消费价格，创造多方面的优势，促进大同市冰雪体育旅游

的发展。先进的设施能保证人工造雪的数量和质量，对维持冰雪产业后期的发展创造源源不断的动力。同时也能降低运营成本，将大同市的冰雪期再一次延长。

大同市冰雪产业分布较为零散，规模有大有小，服务品质良莠不齐，价格也高低不同，不利于打造大同市冰雪体育旅游良好的品牌，也不利于带动其他产业的发展。合理的规模结构能促进企业间的竞争效应，这样才更能够促进大同市冰雪体育旅游的发展。

2.4 冰雪体育产业人才匮乏

人才的缺乏是发展之大问题，专业的管理人才和专业的指导教练更是地区冰雪产业发展是否高标准的重要导向，其他省区的高待遇更是加速了专业人才的流失，进一步造成了人才短缺问题严重。目前我国还没有具体的滑雪教练资格考试，这就造成了滑雪市场教练员水平高低不同，所教授出来的学生的技术也是良莠不齐，有很大一部分教练员还是学生兼职，由滑雪场的老员工培训很短的一段时间就上岗了。

3. 大同市冰雪体育旅游发展对策

3.1 发展基础，推广冰雪体育

大同市可效仿北京市政府举办的主题为"全民健身迎冬奥，快乐冰雪园梦想"市民快乐冰雪季活动，推出大同市冰雪知识普及活动，推广普及冰雪运动知识，推动冰雪运动发展。免费向市民发放体验券，组织一批有专业知识、运动技能过硬的教练团体，积极指导市民体验冰雪运动项目，学习冰雪运动技能。

冰雪运动产业处于方兴未艾之际，现主要的是以健身休闲为主，群众热情高涨，可借此开展青少年冰雪运动技能课程，教育部门与地方行政部门积极配合，支持学校与社会冰雪产业机构合作，培养青少年冰雪运动技能。

推广社区冰雪健身。积极依托当地文化背景，发展形式多样的冰雪健身运动，点燃群众冰雪健身热情，发挥社会指导功能，形成专业的指导团体，让社区冰雪健身运动有正确的方向和专业的指导。

3.2 鼓励竞技，发展后备人才

2019年8月至9月，第二届全国青年运动会将在山西省举办，2019年1月首次设项的冬季冰雪运动就在大同市万龙滑雪场开展。万龙滑雪场也根据这次赛事的要求进行了一些大规模的改建，变得更加符合标准赛事的需求，借此加快大同冰雪项目的建设，举办一系列冰雪赛事，吸引全国各地的人来大同参加比赛，宣传大同文化，发展大同市冰雪旅游产业，积极响应2022年冬奥会。

发挥大同大学等一些高等院校的人才优势，开设专门的冰雪体育课程，讲解冰雪体育产业相关知识，教授冰雪体育运动技能，培养一系列有冰雪体育专业知识的人才。同时也应改善训练设施及师资条件，为学生更好的学习冰雪体育产业知识和运动技能做好准备。

3.3 招商引资，整合自身发展

引进冰雪产业龙头企业，如万达集团在长白山建立的国际度假区规模宏大，还有9条符合冬奥会标准的高级赛道；房地产龙头万科集团，早就开始涉足滑雪产业，在未来的几年里，其将持续对冰雪产业进行投资；北京2022年冬奥会申办成功后，户外运动知名品牌探路者也把目光放在了冰雪产业上。大同市在法律法规允许的条件下，为进入大同的集团提供土地等一系列优惠政策，促进其前期的发展，同时也加速了大同市经济的快速增长，必定会取得一个双赢的局面。

同时打铁还需自身硬，也应整合现有资源，完善自身设施条件，建设一批属于大同自己的冰雪产业。在条件允许的情况下，发挥政府的能动性，自给自足，创办一些具有良好效益的冰雪项目，如开展冬季冰雕展览，吸引全国各地的人前来参观，适当收取一些门票的同时，带动了大同市交通、饮食、住宿等经济的发展，同时为大同市冰雪产业打造了独特的品牌，宣传了大同市独一无二的地域文化。

3.4 改建设施，建设滑雪中心

科学规划布局冰雪运动场地，优化冰雪场地类型结构，提高场地设施质量。有计划地建设公共滑冰场馆，淘汰设施不全、规模小、功能差的滑雪企业，改造现有场地的设施，投入一些先进的造雪设备和游乐设施。在考虑冰雪产业的同时，也应充分考虑消费者的心理，为消费者吃饭、住宿、购物提供便利，在冰雪产业的附近开发相应的项目或冰雪产业自己创立合适的便利条件，充分满足消费者的需求，同时带动大同市其他经济的发展。合理利用交通便利、环境优美、资源丰富的场地，建设一个具有先进理念、设施齐全、时尚便利的大同市滑雪中心。

3.5 科学规划，优化管理人员

向全大同市乃至全社会发出邀请函，有偿征集科学建设计划，创立有意义的冰雪项目。优化服务质量，学习先进的服务态度和手段。向欧美等开发较早、冰雪产业较为成熟的地方学习，引领我市的冰雪产业向先进化、标准化方向建设。

将现有管理人员分批安排出去学习先进的管理理念，留下真正有真才实学的人才，淘汰知识、技术掌握不熟练的人，同时引进一批其他地区专业度较高的管理人才。调查现阶段出游人群的旅游习惯和目的，抓住人们冰雪旅游的心理，分析其消费计划，制订一系列的优惠活动，吸引游客来大同市加入冰雪旅游。

4. 小结

随着 2022 年北京冬奥会契机来到，大同市刚刚举办过二青会赛事，互联网消息热度正高，再加上大同市独特的旅游文化背景，必能建设一个具有大同特色的冰雪体育旅游中心。大同市政府也应继续保持抓冰雪产业的重点，积极开展冰雪体育，发展后备人才，分析消费者心理，促进大同市冰雪体育旅游的发展。

参考文献

[1] 季海洋,肖艳玲.黑龙江省冰雪体育旅游发展现状及对策分析[J].经济研究导刊,2017,(11):109—110.

[2] 白鹤松.冰雪产业发展研究综述[J].中国人口·资源与环境,2016,26(5):452—455.

[3] 李晓全.黑龙江省冰雪体育产业发展现状及其对策研究[J].大庆师范学报,2007,27(5):111—114.

[4] 黄家善,王国权.吉林省冰雪体育旅游资源开发存在的问题及对策研究[J].吉林省体育学院学报,2017,23(2):44—45.

[5] 王传仁,王一茗.黑龙江省冰雪体育旅游活动的现状与发展分析[J].北方经贸,2018,12:159—160.

[6] 牛超.山西省冰雪体育旅游发展研究[D].太原,太原理工大学硕士学位论文,2017.

[7] 李勇,陈智勇,王诚民.北京冬奥会背景下哈尔滨市冰雪旅游产业创新发展研究[J].冰雪运动,40(2):62—65.

[8] 张智,魏彪.山西省大同市滑雪旅游产业发展现状与对策研究[J].体育科技文献通报,2017,19(11):102—104.

[9] 宋梅.浅析内蒙古地区发展冰雪体育旅游产业的环境条件[J].体育大视野,2018,8(28):239—240.

[10] 陈曲,骏骊.我国滑雪旅游度假区发展现状及趋势研究[D].哈尔滨体育学院硕士学位论文,2016.

[11] 孙长明.我国冰雪运动场地发展影响因素分析及对策[J].体育文化导刊,2018,(5):84—88.

后二青会背景下山西互联网+冰雪体育旅游的营销模式与发展路径

闫昱静

山西体育职业学院

随着我国信息化水平的不断提高,互联网+战略在各行各业中得到越来越大的实施。当前互联网与冰雪体育旅游相融合是时代发展的产物,它可以在更高的程度上,利用更多的网络化平台对冰雪体育旅游的模式进行更新与处理。第二届全国青年运动会是新中国成立以来山西省首次承办全国性的大型综合体育赛事和大型体育盛会,其冬季项目的成功举办是为2022年冬季奥运会进行练兵和选拔优秀后备运动员,同时此次比赛对山西冰雪体育旅游在资金投入、设施设备建设、更新。专业人才培养等方面都有极大的推进作用。因此,在后二青会时代,利用互联网+冰雪体育旅游这种新的模式,可以使山西冰雪体育旅游在短期内实现新的创新与发展,为其发展模式的创新提供更多的理论途径以及实际的网络平台。

1. 在互联网+战略实施背景下冰雪体育旅游发展的现状

由于综合实力的不断提高,我国在国际上占有的地位越来越高。目前,我国已经获得了第24届冬奥会的承办权,体育总局等23部门联合制定《群众冬季运动推广普及计划(2016-2020年)》,并指出大力发展群众冰雪运动，提高冰雪运动竞技水平，加快冰雪产业发展，推动冬季群众体育运动开展，增强人民体质，是成功举办2022年冬奥会和冬残奥会、落实全民健身国家战略、推动健康中国建设的必然要求。我国冰雪体育旅游快速发展迎来新的契机。在这种情况下，各行各业都越来越重视对于冰雪方面的投入，山西省举办的第二届全国青年运动会首次同时涵盖夏季比赛项目和冬季比赛项目，这一创举使得山西冰雪体育项目和冰雪体育产业都有不同程度的发展，冰雪体育旅游隶属于冰雪产业的一个方面，在冰雪产业发展的过程中具有举足轻重的地位。山西目前已取得体育场所经营许可证的滑雪场共有25家（见表1），冰场4家（见表2）。

表1 山西目前获证经营的滑雪场

序号	地点	名称	面积（㎡）
1	太原市	采薇庄园四季滑雪场	40000
2		曦岭滑雪场	38000
3		古交红豆山庄滑雪场	—
4	大同市	卧龙山滑雪场	390000
5		万龙滑雪场	2462800
6	晋中市	梅苑南山滑雪场	500000
7		石膏山滑雪场	30000
8		五龙国际滑雪场	50000
9		九龙国际滑雪场	80000
10		凤麒滑雪场	20000
11		红崖峡谷滑雪场	45000
12	朔州市	右玉南山滑雪场	904000
13		怀仁壬山滑雪场	40000
14		南邢家河滑雪场	—
15	阳泉市	桃林沟滑雪场	34000
16	吕梁市	汾阳龙泉山水源滑雪场	40000
17		七里峪滑雪场	53495
18		孝义曹溪河滑雪场	—
19	临汾市	九龙山滑雪场	50000
20		东岭滑雪场	30000
21	长治市	神农滑雪场	10000
22		亚布洛尼滑雪场	200000

续表

序号	地点	名称	面积（㎡）
23	运城市	永济五老峰滑雪场	200000
24		绛县东华山滑雪场	290000
25	晋城市	白马寺滑雪场	26000

表2　山西目前获证经营的冰场

序号	地点	名称	面积（㎡）
1	太原市	华宇百花谷世纪星滑冰场	1500
2		万象城滑冰场	3600
3		太原平阳景苑铭星真冰场	1600
4	临汾市	冰世界	56000

由此可见，山西省冰雪体育旅游的基础设施已初具规模，山西的冰雪体育旅游在后二青会和互联网＋战略实施的背景下，可以获得很大程度上的发展。但是，在这种发展过程中，冰雪体育旅游仍然呈现出了一些从未有过的现象与问题。为了更好地推动冰雪体育旅游的发展，我们应对出现的问题进行及时处理。同时，由于冰雪体育旅游在发展的过程中，需要耗费大量电能、光能等各种类型的能源，一旦在旅游产业开发过程中对这些能源使用不恰当的话，很容易造成资源的浪费。在互联网＋战略背景下，客户在对冰雪体育旅游进行预订的过程中，如果没有一个统一化的标准化的网络管理平台，那么对于其管理的过程中很容易造成信息的遗漏以及信息的错误处理，不利于冰雪体育旅游的可持续发展。

2．互联网＋战略背景下冰雪体育旅游总体营销模式的分类

2.1 关于V2O的冰雪体育营销模式

V2O的冰雪体育营销模式主要是指在冰雪体育旅游活动正式开始之前，利用视频以及图片等方式对冰雪体育旅游中涉及的旅游目的地、

旅游设施设备、旅游环境等进行提前宣传，同时也可以采用互联网的模式对冰雪体育旅游产品进行宣传。这种新的营销模式经过长期的发展会逐渐地演变成为一种"网络化影视旅游相结合的营销模式"。冰雪体育旅游的产品与V2O互联网营销模式的有效结合，主要是充分对互联网中的各种视频资源以及有关冰雪体育旅游的资料进行在线的及时的利用，通过这种互联网中的资源利用，有效地对冰雪体育旅游的营销模式进行一定程度上的创新，而不是再主要以那种传统式的冰雪体育旅游的营销模式为主。这种冰雪体育旅游营销模式，还可以利用冰雪体育项目的领军人物对冰雪体育旅游的宣传，从而提升冰雪体育旅游本身的知名度与影响力度。此外，这种网络化的线上的冰雪体育旅游的营销模式，还可以有效增加民众对于冰雪体育旅游中的各种内容形式的了解，还可以让冰雪体育旅游的企业对于民众真正的旅游需求有更深的了解，以便企业制订出专门的针对民众需求的冰雪体育旅游方案，满足民众的需求。

2.2 关于冰雪体育旅游与O2O营销模式的结合

O2O的网络营销模式主要是依赖于我国的互联网+战略背景下的互联网系统。它可以运用互联网进行线上的旅游房间以及旅游项目内容的预定，同时还能通过网络上的宣传引导顾客在实际的冰雪体育旅游过程中进行实际的消费。采用O2O的互联网模式与冰雪体育旅游的营销过程进行结合，能够有效、快速地对一些关于冰雪体育旅游的信息以及资金的及时支付进行宣传。它能很好地对传统的冰雪体育旅游的营销模式中存在的不足以及问题等进行弥补或者解决，同时客户在经过互联网对冰雪体育旅游项目进行预订使用后，还能够通过互联网对冰雪体育旅游的服务等方面进行评价，这样能够在最大程度上推动冰雪体育旅游企业自身的发展，弥补其发展过程中所存在的不足与缺陷。

3. 互联网＋模式下冰雪体育旅游的发展路径

3.1 加强对冰雪体育旅游的网络化平台的建设和管理

由于当前我国的互联网＋战略实施过程中还存在着一些问题，所以在互联网与冰雪体育旅游相互融合的过程中，对于冰雪体育旅游的网络化平台的建立以及其管理模式都尚未得到充分的考虑，所以这就致使冰雪体育旅游的网络化管理平台在发展的过程中存在着一些缺陷，而山西在体育旅游网络化管理平台建设和管理方面相对滞后，是一个短板，在对体育旅游的整体宣传和产品开发方面动力不足。因此，导致山西对冰雪体育旅游的在网络化平台的建设和管理方面也处于较低水平，没有建成有一定规模和影响力的网络推广平台，不能对冰雪体育旅游的各种形式进行全面的、系统化的宣传和管理。在5G网络即将盛行的后二青时代，应积极发掘互联网＋的实际效用，促进互联网技术与体育、与体育旅游、与冰雪体育旅游的深度融合，通过大数据对客户倾向性高的旅游项目进行数据的收集与分析，从而实现真正的冰雪体育旅游的网络化管理与应用。

3.2 利用手机软件进行冰雪体育旅游的营销

当今的时代是一个彼此互联的时代，随着我国移动通信技术的不断发展，民众对于手机的使用频率也越来越高，手机软件种类繁多，用以满足民众的各种需求。在冰雪体育旅游方面，也可以尝试性地开发各种冰雪体育旅游的手机软件。让民众在冰雪体育旅游的手机App上对其内部的门票以及酒店等进行预订，采取这种先预订后入住的形式，让民众可以自由地对其旅游的行程以及旅游的项目进行选择。另外，可以通过相关手机App预约自己喜爱的冰雪项目的指导教练，把体育作为旅游活动中的关键因素，让参与冰雪项目成为旅游活动中的主角。同时，冰雪体育旅游的公司还可以与其他各种公司进行合作，采用合作的形式对网络化的平台进行共同管理以及对其信息进行处理，以达到自身营销的最佳效果。

3.3 将互联网化的平台广泛推广

山西省冰雪体育旅游公司想要提高自身的经济收入，就应该将企业的眼光放长远一些。目前，山西的冰雪旅游还处于初级的起步阶段，冰雪体育旅游本身的发展还比较薄弱，尚未形成完备的产业链条，仅仅依托原有的旅游资源很难完全满足冰雪体育旅游游客的全部需求，因此，可以通过将互联网的管理平台进行完善并广泛推广，吸引更多社会资本进入山西省冰雪体育旅游市场，促进冰雪体育旅游自身的发展。同时，这种互联网的管理平台的推广能够为冰雪体育旅游公司提供更多的来自省外甚至是国外的客户，提高山西省冰雪体育旅游的受众面，促进冰雪体育旅游可持续发展。

综上所述，在互联网＋战略和承办2022年冬奥会的背景下，我国的冰雪体育旅游已经取得了重大的发展。山西要紧紧抓住承办第二届全国青年运动会这一契机，使山西省的冰雪体育旅游的营销手段通过运用互联网实现科技化、简便化。省内的冰雪体育旅游的企业应该积极顺应互联网＋战略，积极利用网络化的营销手段和大型赛事推动冰雪旅游硬件设施的升级、建设，在后二青会时代实现冰雪体育旅游的大发展和企业自身利益的最大化。

参考文献

[1] 闫昱静．互联网模式下冰雪体育旅游产业的管理与营销[J]．商业经济，2018(06):57-58.

[2] 张勇，季景盛．"互联网＋"冰雪体育旅游产品的营销模式与对策研究[J]．民营科技，2018(05):171-172.

冰雪运动的风险评估及预防对策研究

赵岷　高升　刘昌宏

山西大同大学体育学院

前言

随着我国冬奥会的成功申办以及冰雪运动观念的深入人心，我国冰雪运动正受到各方各界的关注，参与冰雪运动的人数也越来越多；随着冰雪运动的不断推广与普及，冰雪运动的安全性和潜在运动风险也受到了人们的重视。冰雪运动在不断快速发展的过程中，事故频发的安全问题也凸显出来。但由于冰雪运动场地的特殊性，以及以前我国在此方面的意识淡薄、教育缺失等因素导致人们在参与这项体育竞技时忽视了背后所带来的风险隐患，所以有必要对其中存在的安全隐患给出预防对策。

本文在对冰雪运动的现状及相关概念的认识基础上，对冰雪运动的风险评估进行相关研究，对冰雪运动的风险源进行分析，从环境风险与人为风险两个层面对冰雪运动中的风险进行划分和界定；随后本文对目前我国冰雪运动中存在的安全教育不到位、安全制度不完善、监管不充分以及参与人员安全意识不深刻等问题进行了分析与研究，针对性地提出了加强安全宣传教育、完善安全制度、加大监管力度以及提升群众冰雪运动安全防范意识的相关对策，以促进我国冰雪运动的科学发展与快速普及。

1. 冰雪运动风险评估分析

1.1 冰雪运动风险源

冰雪运动风险源即在参与冰雪运动过程中可能存在各种风险因素的来源；对于冰雪运动的风险源进行全面、系统的识别有助于帮助参与冰雪运动的参与者提前识别运动过程中的风险因素，从而避免冰雪运动过程中的意外伤害或因制度不健全所造成的风险隐患[1]。结合对冰雪运动的开展现状以及该项运动所具备特点，采用专家调查法对冰雪运动开展过程中所存在的风险来源和潜在风险因素进行识别和界定。

根据冰雪运动的特点与实际开展情况，本文将冰雪运动的风险来源归为环境风险来源与人为风险来源。[2] 另外在冰雪运动开展过程中，人与自身以及人与人之间也存在着一定的相互作用关系，自身方面包括参与者的自身身体素质情况、年龄、运动技巧掌握情况等；人与人之间的作用风险可以概括为非自身因素，主要包括参与冰雪运动群体的道德素质、群体素养、医疗救助水平和冰雪运动监管制度等另外在冰雪运动开展过程中，人与自身以及人与人之间也存在着一定的相互作用关系，自身方面包括参与者的自身身体素质情况、年龄、运动技巧掌握情况等；人与人之间的作用风险可以概括为非自身因素，主要包括参与冰雪运动群体的道德素质、群体素养、医疗救助水平和冰雪运动监管制度等。[3]

---

[1] 张丽军：《青少年参与冰雪运动现状、风险防范与保障机制》，《冰雪运动》2018 年第 40 期。

[2] 夏茂春：《大众冰雪运动风险评估研究综述》，《吉林体育学院学报》2017 年第 33 期。

[3] 徐晓琼：《冰雪体育旅游产品需求及影响因素的研究》，《上海体育学院硕士学位论文》，2013 年。

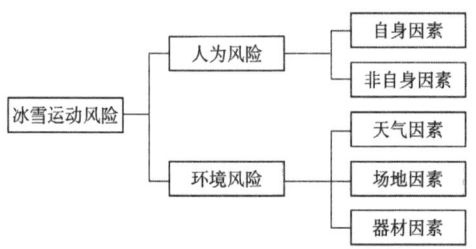

图 1 冰雪运动风险来源

1.2 冰雪运动风险致因识别

1.2.1 环境风险

其一天气因素。冰雪运动主要在室外场地进行，因此受到环境因素的干扰和影响较大；在天气因素当中，进行冰雪运动需要较为优良的空气质量条件以及适合冰雪运动活动开展的天气条件。

在空气质量条件方面，影响冰雪运动开展的因素主要是指空气污染指标，例如氮氧化物浓度以及PM2.5、PM10浓度等；空气质量过差将会对参与冰雪运动的人的呼吸系统及其他身体健康情况造成较为严重的影响，进而不利于冰雪运动的开展，增加冰雪运动开展的风险。[1]

在天气条件方面，参与冰雪运动需要观察室外天气的状况，例如室外温度、紫外线辐射强度、雨雪天气和风速等。室外温度过低将会增大参加冰雪运动人员受伤的风险，并有可能发生冻伤的现象；[2] 温度过高则有可能导致室外场地冰雪融化，不利于冰雪运动的开展；紫外线辐射也是冰雪运动天气因素中较为重要的风险指标，紫外线辐射过强将会导致冰雪运动的参与人员受到紫外线辐射的伤害，进而诱发裸

---

[1] 陈德明、李晓亮：《青少年学生学校体育冰雪运动安全隐患因素分析》，《哈尔滨体育学院学报》2012年第四期。

[2] 王月华：《我国冬季测量类项目运动员参赛风险评估与控制机制研究》，《辽宁师范大学硕士学位论文》，2012年。

露皮肤部分的皮肤病变；风速过大可能会影响冰雪运动开展的安全性，对于冰雪运动参与者的运动平衡性造成影响等等。

其二场地条件。冰雪运动的开展离不开相应的场地条件，因此在场地的环境中也隐藏着潜在的安全隐患因素。例如场地的地面是冰面或者人造雪平面，应当保持一定的平整性与平滑性，如果地面存在坑洼或者有异物，参与冰雪运动的人员则有可能在运动的过程中因地面凹凸不平或者异物而摔倒、跌伤，造成一定的运动损伤。另外，场地条件中医疗救助站的配置也较为关键，一个较为完备的冰雪运动场地应当配备一定数量的医疗工作人员与运动损伤救助设备，在运动人员发生意外或者受伤时及时提供可靠的医疗救助服务，保障运动者的运动救护安全。

其三器材因素。器材因素在冰雪运动的安全防护中也起着较为重要的作用，冰雪运动的器材质量对参与冰雪运动的人员防护具有较大影响；如果运动器材不合格或者完好率较低，则会使冰雪运动人员参与运动的安全水平得不到保障。

1.2.2 人为风险

其一自身因素。运动人员的自身体育素养对于冰雪运动的安全保障具有关键影响。运动人员的自身因素包括冰雪运动参与者的年龄水平、发育程度、体质情况和运动技能的掌握情况等。冰雪运动参与者的年龄不宜过低，年龄过小的冰雪运动参与者的危险识别能力不足与运动常识体系不完善，在冰雪运动过程中遇到紧急情况的应变能力较差；年龄较大则会极其容易在运动中受伤，冰雪运动具有较高的活动量与运动风险，老年人在参与冰雪运动时必须由家属陪同或者陪护，并且最好进行运动量较小、风险较低的活动。在体质水平方面，冰雪运动参与者的基本身体素质包括身体的柔韧性、灵敏性、运动速度等，身体柔韧性较差的运动者可能在冰雪运动中因运动量过大或者动作幅度过大而造成肌肉拉伤、韧带拉伤等运动损伤，灵敏性较低的参与者有可能会在进行冰球、滑雪等运动时因反应时间过长、反应不足等情况而导致无法躲避路障等风险。在运动技能方面,冰雪运动中的一些项目对参与者的运动技能水平要求较高,必须有一定的运动基础才能参与,因此对于专项技能不足或者水平较低的冰雪运动参与者不能在没有指导和陪护的情况下开展不熟悉的冰雪运动。

其二非自身因素。非自身因素主要包括冰雪运动开展过程的相关制度与运动条件等。运动保障制度是保证冰雪运动参与者的安全性的重要制度体系,例如场地监督制度、安全救助制度、冰雪运动指导制度以及紧急救护制度等等;[1]运动条件方面,包括冰雪运动不同项目的参与难易程度和技术条件,另外参与冰雪运动的人员的整体道德水平也是非自身因素中较为关键的风险因素之一,其将会影响冰雪运动开展的活动氛围和运动过程中的故意伤害风险。

2. 冰雪运动风险防范存在的问题

2.1 冰雪运动安全教育不完善

冰雪运动存在较大的风险性,因此在参与冰雪运动之前要求冰雪运动的参与者具备一定的运动安全防护知识,这就要求我国冰雪运动的组织者与倡导者对冰雪运动者在运动前进行较为完备的运动安全教育,使其掌握相应的自我运动保护技能,避免运动过程中因安全教育不到位而产生的运动损伤事故。目前我国对于参与冰雪运动的参与者实行的安全教育尚不完善,尚未建立起统一完整的冰雪运动安全教育体系;学生在参与冰雪运动之前对于冰雪运动所面临的风险类型以及面临风险的程度都了解甚少;另外在冰雪运动的安全防护方面,学生对如何应对冰雪运动中的诸多风险、避免运动中的受伤情况的知识体系建立不够完善,这说明整体的冰雪运动安全教育尚未完善,仍存在较大的

---

[1]周泓宇、郭晓勋:《黑龙江省红色冰雪旅游发展与风险防范分析》,《黑河学刊》2019年第2期。

发展空间。

2.2 冰雪运动安全制度不健全

冰雪运动的开展场地多为户外场地，参与者能够充分与外界环境进行接触，因此从运动属性来看具有极强的参与性；冰雪运动中存在较多的不确定性环境因素，再加上冰雪运动的活动范围较大以及刺激性较强，在冰雪运动的开展过程中必须有配套的安全保障制度。目前我国冰雪运动保障制度体系不够完善，不同地区冰雪运动并没有针对其开展的冰雪运动属性建立健全的安全管理制度，在各个冰雪运动场地也缺乏有效的场地安全管理，这对于参与人数众多、运动伤害易发生的冰雪运动而言还需做出更多的完善举措，从而保障冰雪运动参与者的运动安全。

2.3 冰雪运动环境监管不充分

在冰雪运动的环境监管层面学校以及冰雪运动场地的提供者仍做得不到位，这主要体现在冰雪运动管理者并没有定时定期筛查影响冰雪运动安全的因素；对于场地的监管力度也不到位，有些运动场地条件并不符合开展冰雪运动的场地条件，但是仍然违规进行冰雪运动的开展；另外在调查过程中发现，校内的冰雪运动场馆经常有校外人员使用，这无疑给冰雪运动的教学以及训练带来了巨大的安全隐患；此外，应当取消特殊环境如极寒天气的培训，保证冰雪运动安全性。

2.4 风险防范理念认识不到位

目前参与冰雪运动的冰雪爱好者个人安全意识薄弱，这是导致冰雪运动风险较高的重要问题之一。一些冰雪运动爱好者具备一定的冰雪运动基本技能，在独自进行冰雪运动时对于自身的运动风险防范意识过低，认为冰雪运动不存在风险或者不会出现受伤情况，这种侥幸心理容易导致参与者在进行冰雪运动的过程中忽视潜在的环境风险，并且可能出现不注重运动防护用具的正确佩戴和使用等，在一定程度上增加其运动风险。另外冰雪运动的组织保障机构没有在冰雪运动之前对参与者进行潜在运动风险的说明与警示、在场地范围内也极少对可能存在的环境风险进行醒目的标识，这也是导致群众参与冰雪运动防范理念认识不到位的重要原因之一。

3．冰雪运动安全策略

3.1 加强冰雪运动安全宣传教育

3.1.1 大众参与方面

结合上文对于冰雪运动的开展现状以及冰雪运动所具备的运动特点，应当加强对参与冰雪运动的学生群体和其他大众群体的安全宣传教育，使参与者意识到冰雪运动安全教育的重要性。从大众角度来看，参与冰雪运动的大众成员，应当在参与冰雪运动之前，对冰雪运动的相关安全知识进行深入了解和学习，对参与冰雪运动的具体项目所存在的潜在风险进行识别和提前认识，确认自身的身体素质条件以及运动技能情况是否符合该项冰雪运动的要求；另外组织冰雪运动的相关部门以及开设冰雪运动场馆的相关负责主体，应当在大众群体参与冰雪运动前对其普及冰雪运动的基本常识与运动技巧，告知其存在的运动风险，并详细告知参与者关于冰雪运动场馆的医疗救助中心的位置与安全保护措施，提升参与冰雪运动人员的安全知识体系水平，保证进行冰雪运动参与者的安全性。

3.1.2 学生参与方面

从学生参与角度来看，对学生加强冰雪运动的安全教育具有极强的必要性；一方面学生的身心尚未成熟，对于冰雪运动中存在的潜在风险以及应对风险时所做出的及时必要反应都缺乏正确的认识。因此学校和冰雪运动管理部门应当在学生参与冰雪运动前对其进行较为充分的运动安全普及教育，加强学生对于参与冰雪运动的基本自我保护常识、运动技能以及风险预判知识的理解与掌握；另外，组织学生参与有关冰雪运动的安全讲座，同时加大对学生家长的冰雪运动安全普及教育力度，加强对学生冰雪运动安全教育的重视程度。

3.2 完善冰雪运动安全制度

从上文冰雪运动的风险来源来看，冰雪运动潜在的风险因素不仅来源于冰雪运动参与者自身，还来自冰雪运动开展的环境、场地等，因此要减少冰雪运动开展过程中存在的风险隐患，必须加强对冰雪运动安全制度的建设和完善。学校与体育主管部门应当根据本地冰雪运动的开展类型与开展实际情况，制定详细、科学的冰雪运动安全保障管理制度。一方面，学校应当加强对冰雪运动教练、指导员的行为规范，保证在青少年参与冰雪运动时起到较好的引导与指导作用；另一方面，体育主管部门应当监督冰雪运动开展场地的安全设备配备情况，对于安全保障水平不达标、基本医疗救护体系建设不合格的冰雪运动场地给予关停与整改的惩罚措施，督促其限期整改。对于冰雪运动开展场地而言，应当建立完整的安全管理制度，保障场地具有基本的运动救助设施，设立基本的医疗救助站，在冰雪运动参与者发生意外伤害时能够及时提供基本的伤口处理等运动医疗救护；建立健全场地巡视制度，严格管理冰雪运动参与者的运动行为，对于在参与冰雪运动过程中具有运动风险或者行为不规范的参与者进行及时制止和教育；在运动过程中发现潜在安全隐患风险应当及时上报和处理等。

3.3 加大对冰雪运动环境的监管力度

学校体育管理者、体育教师应加大对冰雪运动环境的监管，筛查影响冰雪运动安全的因素，并对其妥善处理，加强冰雪体育场馆的建设与管理。学校体育管理者应重视对冰雪运动环境的监管力度，提高冰雪运动场地建设要求，冰雪运动场地条件不良禁止开展冰雪运动，对冰雪运动场馆的使用出台相应的政策，禁止校外人员使用本校冰雪运动场馆，在租赁的场地进行冰雪运动课程教学时，尽量要求场地经营管理者降低场地内人数。[1]监管冰雪场地，制定安全防护制度，完善安全防护设施；增加医务人员，配齐医疗设施；增加安全巡查人员，加大安全巡查力度；对冰雪运动爱好者做好安全防护知识的宣传，尽到提醒义务；对于意外安全事件中的受伤人员应及时救治，对于不能救治的重伤人员，冰雪场应建立与有关医疗机构直通救治渠道。

3.4 树立冰雪运动风险防范理念

对于冰雪运动的参与者，学校以及冰雪运动的开展场地负责人员都应当在参与冰雪前对其进行必要的运动风险防范常识告知，保证参与冰雪运动的人员能够正确识别冰雪运动中存在的潜在风险，正确规避环境风险源与人为风险源，树立科学的冰雪运动风险防范理念，从而有效降低冰雪运动开展过程中的运动伤害可能性，降低对冰雪运动参与者的伤害。对于冰雪运动开展的负责单位，包括当地冰雪运动管理部门应当加强对冰雪运动风险防范知识的宣传和普及，保证参与冰雪运动的群众能够客观、正确的认识冰雪运动过程中可能存在的潜在风险，从而加强自我防范意识和风险规避意识，提升冰雪运动的安全性。对于冰雪运动的场地负责部门，应当在大众参与冰雪运动之前对冰雪运动场地、环境以及天气等方面存在的潜在风险进行相应的告知，并在场地中存在危险的区域设立醒目的警示牌；对于风险较高的冰雪运动项目，在参与者进行运动之前场地负责部门应当对运动者进行相关注意事项的提示，如患有高血压、心脏病患者不适于参加的运动应当对参与者进行运动限制等。

4. 小结

本文对冰雪运动中可能存在的各种风险进行了分析，将风险来源归结为环境风险和人为风险。在结合相关运动风险防范理论的基础上，

---

[1]李捷：《冰雪运动进校园面临的困难及解决对策》，《体育教学》2018年第38期。

参考冰雪运动的特点,针对性地提出了加强冰雪运动安全宣传教育、完善冰雪运动安全管理制度、建立风险运动预警机制、加大对冰雪运动环境的监管力度以及梳理冰雪运动风险方法理念等多项建议,期望有利于我国冰雪运动顺利、安全的开展,保障参加冰雪运动的各个群体能够在安全的环境中享受冰雪运动所带来的乐趣。

参考文献

[1] 王锥鑫.我国冰雪运动竞技人才储备与发展路径研究[J].南京体育学院学报(社会科学版),2017,31(02):82—87.

[2] 胡来东.东北地区大学生冰雪运动安全隐患对策研究分析[J].体育世界(下旬刊),2013(10):29—30.

[3] 李晓亮.黑龙江省青少年学生学校体育冰雪运动风险评估及运动安全策略研究[D].哈尔滨体育学院,2012.

[4] 郭利军.国外滑雪运动风险研究的知识图谱分析[J].体育研究与教育,2018,33(02):35—39.

[5] 韩雨珈.青少年冰球爱好者非接触性损伤风险评估及康复方法应用研究[D].北京体育大学硕士学位论文,2018.

[6] 刘晓军.运动风险评价理论体系的构建[D].北京体育大学硕士学位论文,2010.

[7] 李伟.我国优秀青少年冰球运动员运动损伤特点[A].2017科技冬奥论坛暨体育科技产品展示会论文摘要汇编[C].中国体育科学学会,2017:2.

[8] 叶海波,张莹,杨蕊竹.高校滑雪课风险管理及安全策略[J].冰雪运动,2015,37(02):66—70.

[9] 高岩.自由式滑雪运动损伤风险研究[J].冰雪运动,2014,36(05):32—36.

后二青会时代体医融合的发展思考

赵静　张凌云

山西省体育局　山西省中医院

引言

2019年8月8日,第二届全国青年运动会(二青会)将在山西举行,这是山西省第一次承办的全国综合性大型运动会。一个城市举办大型运动会将为这座城市带来极大的发展机遇,可以提升基础设施建设水平及城市管理水平,改善环境,促进旅游的发展,吸引人流,带动投资,拉升经济发展水平,从而全面提升城市的竞争力、影响力,让城市走上发展的快车道,北京2008年奥运会后的急速发展便是很好的例子。二青会将在山西省多个城市举行,这是对山西省的一次考验,也是很好的机遇。

在这次机遇面前,不仅涉及城市建设、旅游发展、商业投资和人文创建等要素,还应大力发展体医融合的健康模式。2016年《"健康中国2030"规划纲要》中明确提出,要通过"广泛开展全民健身运动,加强体医融合和非医疗健康干预,促进重点人群体育活动等方式提高全民身体素质"[1]。这标志着体医融合已由战略规划进入实质发展阶段,

---

[1] 冯汉哲、张振东:《〈"健康中国2030"规划纲要〉对中学学校体育改革的启示》,《青少年体育》2018年第10期。

体医融合是建设"健康中国"的重要途径。我们借着二青会的东风，以二青会为基础，探讨体医融合的发展路径及模式，在二青会后，努力打造具有中国特色的体医融合方式，从而逐渐向全国推广。

1. 体医融合的价值和意义

运动会虽以运动为主题，但医疗的参与也是不可或缺的，最直接的关联便是运动员运动损伤后的医疗干预，这属于运动医学，也是体育与医疗最早的结合，这种模式是运动损伤后的医疗参与，简单说就是损伤在前，治疗在后，属于传统的治病模式，而体医融合绝不仅仅是普通看病模式，更应该扩展到疾病的预防，疾病也不限于运动损伤，而是常见病、多发病。体医融合是以医疗问题为导向，组织人们进行安全、有效的体育锻炼，特别注重发展健康运动技能，以区别传统的运动技能。主要解决医疗偏临床、体育偏竞技的健康供需矛盾，体医之间互相启发、互相引导，重新认识健康、认识疾病；以"有病治病""无病防病"为健康目标，服务范围是全人类、全生命周期、全疾病过程的三全覆盖，形成养育、养生、养老的"三养"健康科技文化。

2. 体医融合的路径

在探讨山西省体医融合模式之前，我们先了解一下全国已开展的体医融合事件。2016年11月重庆医科大学率先成立了全国第一所体育医学学院；2017年2月国务院办公厅文件《中国防治慢性病中长期规划（2017—2025年）国办发〔2017〕12号》提出推动全民健身和全民健康深度融合；2017年3月陕西省体育局和卫生厅达成战略合作，并确定在西安体育学院成立健康研究院；2017年4月国家体育总局体育科学研究所成立体医融合促进创新研究中心；2017年4月国家卫生计生委、体育总局、全国总工会、共青团中央和全国妇联制定了《全民健康生活方式行动方案（2017—2025年）》提出促进体医融合，积极推进在公共卫生机构设立科学健身指导部门，积极倡导通过科学健身运动预防和促进疾病康复的知识和方法等。根据全国体医融合的发展情况及山西省自身条件，体医融合的发展模式应从以下几方面着手。

2.1 在高等医学院校建设体医融合相关学科

体医融合要解决体育与医学两个独立学科相互关联的问题，需要有体育专业及临床医学的专家共同制订实施方案，两者互补，在两个领域互相学习，共同探讨，建立不同的分支学科。不同的疾病需要不同的运动处方，对于疾病预防，针对不同体质及潜在危险因素的人采用有针对性的运动预防模式，甚至可以扩展到基因、神经递质、细胞内成分的变化和内脏与不同运动技能的研究。这需要大量的研究，需要大量的时间及人力，因此，在高等医学院校建立体医融合相关的学院势在必行。高等医学院校与大多数综合院校相比，不仅有体育教学师资，还具备强大的医学师资队伍优势，在进行体医融合教学改革中拥有得天独厚的资源优势，[1]体育老师与医学老师可以利用课余时间去听对方相关的课程，申报体医融合课题，做到师资的交叉融合，相互渗透，相互补充，是实现体医融合的重要保障。同时，要重视中西医结合在体医融合中的参与，中医在"治未病"中有巨大的优势，有八段锦、五禽戏、太极拳等与体育有关的防病手段，应该重视中医药在体医融合中的作用。

2.2 在医院建立体医融合相关科室

体医融合是以人民健康为中心，而医院是保障人民健康最直接的场所，根据中国的诊疗模式，患者患病后最先想到的是医院，最先咨询的是医生，因此，建立运动疗法学科，培养专业医生，使培养的医生能够利用运动疗法来防病治病，给患者开具运动处方，引导患者如何通过运动疗法治疗及预防疾病。其中关键问题是要有专业的医生培

---

[1] 颜胜兰：《高等医学院校实施"体医融合"教学改革探讨》，《丝路视野》2018年第2期。

养学校，而大学中体医融合相关学院就显得异常重要。当然，这需要一个很长的周期，而在这期间我们只能采用运动学专家与医生互补的方式来开展诊疗活动，也就是团队合作模式。在现代社会中，体医融合就是利用社区医疗服务机构，为了在疾病防治、体质增强和监控维护等方面，针对社区居民健康服务领域，促进体育部门与医疗卫生部门的深度配合与补充，将社区体育服务与正在改革中的我国社区卫生医疗服务体系相结合。[1]

2.3 建立体医融合宣教模式

任何新事物从产生到普及都需要一个过程，而良好的宣教可以加速这个过程。我们可以在国家"互联网+"政策的指导下，采用线上线下的方式进行宣教。在线上可以和门户网站合作，建立体医融合平台、相关 App，专门进行宣教，利用人们喜闻乐见的方式让人们迅速接受这种医疗新模式，可以通过视频展示，把专家讲解和人们喜欢的明星运动员演示相结合，告知运动疗法的重要性及有效性，并引导患有相关疾病或需要运动防病的人到相关医院科室或者社区宣教活动中现场诊治。这样就形成一个线上线下的闭环，极大地提高了人们认识及接受体医融合的程度。

2.4 进行资源整合

传统诊疗模式是医生看病后开药或者手术，所有的诊疗活动均在医院完成，而体医融合除了在医院诊断或者线上线下的宣教外，还需要特殊场地或者专用器械，这就需要医院与体育运动场地的资源整合。我们可以开展医院与健身房及运动场馆的合作，在这些体育场所完成疾病的治疗和预防。而二青会给我们提供了机会，为了承办二青会，山西省多个城市新建及改建了不少运动场馆，而目前健身热潮也催生

---

[1] 梁丽珍：《体医融合背景下社区医疗与体育健康产业协同发展模式研究》，《经济研究导刊》2017年第30期。

了很多健身房，这就给运动疗法提供了场所。我们还可以利用健身教练及退役运动员来做详细的运动指导，这也是人员的资源整合。从而通过场地与人力资源两方面的整合共同推动体医融合的发展。

3. 结语

通过以上几个步骤的实践，体医融合将会有一个质的飞跃。然而，我们在寻求体医融合治病防病的过程中，最重要的是对人民的健康宣教，而不只是停留在运动对慢性病的治疗康复手段上，我们要引导人们对生活方式及科学锻炼的需求，有针对性地、有效率地开展全民健身，动员全社会参与健康生活方式的建设，让体医融合成为全社会关注体育、关注健康、未病先防、科学锻炼的手段，让党中央宣传的"健康革命"真正落到实处。

后二青时代 5G 技术在体育领域的应用前景和发展趋势

刘艳

山西省体育科学研究所

引言

5G 即第五代移动通信技术，外语缩写为 5G。2G 技术使文字信息传输成为可能，3G 技术实现了信息传输和稳定高质的语音通话，4G 技术为人们带来了更为丰富的信息需求。5G 具有低成本、低能耗、传输速度快、安全可靠的特点，通信系统性能得到大大提升，其更高速度、更低延迟的特点使虚拟现实、物联网等成为可能，对未来社会将产生巨大的影响。5G 技术已成为国内外移动通信的研究热点，[1]韩国和中国分别成立了 5G 技术论坛和 IMT-2020（5G）推进组，分别发表了 5G Forum White Paper_5G Service Roadmap 2022[2]、5G 概念白皮书[3]和 5G 愿景与需求白皮书[4]。

现代科学技术与体育结合已经成为现代体育的重要特征，科技与体育的结合，不仅会大大提高竞技体育水平，同时也会大大拓宽体育

---

[1]董振江、董昊、韦薇：《5G 环境下的新业务应用及发展趋势》，《电信科学》2016 年第 6 期。

[2]5G Forum. 5G Forum white paper_5G service roadmap 2022[R].2016.

[3]IMT-2020(5G)推进组．5G 概念白皮书 [R]．2015.

[4]IMT-2020(5G)推进组．5G 愿景与需求白皮书 _V1.0[R]．2014.

领域，赋予体育更多的元素。5G 在体育事业中将起到极为重要的作用，将会为体育组织管理、运动训练、器材装备、运动康复等带来诸多新的变化，充分展示高端技术在体育领域应用的成效。

1. 5G 技术在体育领域的应用前景

1.1 竞技体育方面

竞技体育实际上也是科学技术应用质量的较量，谁能掌握更先进的训练手段谁就具有更高的训练成效。5G 技术可以涵盖运动训练学、生理学、生物力学等多种学科，可以利用三维视频、虚拟现实等高新技术建立动态训练数据库，可以更智能地对运动员进行科学的训练监控，为伤病防治、营养配餐、心理调整等进行个性化的科技服务。5G 技术在竞技体育比赛中也有巨大的作用，5G 技术使物与物、物与人、人与人之间的联系更加智能，例如在田径运动、游泳比赛中，比赛场地、器材装备会更加智能化，田径场和泳道智能感应设备以及实时视频传输设备，可以让裁判员对运动员成绩的判定完全依靠 5G 技术进行；羽毛球、乒乓球、网球等球类运动也可以利用 5G 技术开展训练和比赛，在大大提高训练成效的同时，比赛成绩判定也会更加准确。可以说 5G 技术在提高运动员训练成效的同时，也会为运动员创造一个公平有序的竞争环境，为我国体育事业发展营造良好的氛围。

1.2 全民健身方面

5G 的运用使使物联网进入新阶段，万物相连的全面实现，可以有效满足人们户外健身、交通、旅游等需求。例如 5G 技术可以将汽车、火车、飞机等交通工具和路况信息进行整合，形成智能出行指南，为用户出行选择最佳方式；在户外健身活动中，5G 技术可以通过大量的物联网对户外场地进行观测、监测，可以实时根据人的位置、周边路况判断危险区域和风险，为户外健身者提供安全的健身环境。5G 技术可以解决户外健身数据的全面感知、快速处理、高效存储问题，转化为有价值的信息感知和智能决策。通过准确、高效地分析健身者的需求与关联信息并做出预判，对健身资源状况、自然环境变化等数据进行量化分析，及时调整、制定相应的策略，为户外健身者提供更好的服务。例如在一些户外赛道中，5G 技术可以将体育行为的物理空间和数字空间有机衔接起来，采用大数据分析技术，建立数据之间的横向联系，形成良好的人机数据交互方式。户外健身者可以通过网络和手机 App 完成运动装备租借、食宿客栈预订等，既可以自己选择拓展型路线，也可以随时随地游览沿途风景。同时，户外健身者还可以从 App 平台查看实时的运动量、身体机能指标、热量消耗等数据，并结合数据分析或者 App 提供的锻炼及饮食方案，提升大众参与体育健身的体验和感受，达到科学健身目的。

1.3 体育传播方面

体育是一种较为特殊的文化现象，具有可观赏性、不可重复性和竞争性，如何真实、全面、生动地传播体育信息是媒体孜孜不倦的追求。从纸质媒介、电视、电脑、手机到穿戴显示设备，体育离我们的距离越来越近。5G 技术的发展，将为体育内容呈现提供更为丰富的形式，每一个物体都能成为接收信息的端口，观众将在任何终端收看高保真节目和无卡顿直播，自媒体内容制作将会更为简单、便捷，5G 支持下的虚拟现实将会让观众瞬间抵达体育赛事现场，进行 360 度全景观察，大大提升了新闻报道的深度和广度。在这种媒体融合状态下，信息流通的渠道将会畅通无阻，所有信息都会以最佳的形式呈现给观众，让观众有身临其境的沉浸感，获得前所未有的接触机会，甚至自我定制体验。二青会圣火采集仪式上，山西联通独家保障的 5G+VR 视频传播的特点就是 5G 超小时延、360 度全景直播、5G 实景实时拼接、实时传输、实时演示，这在全国电视频道转播中尚属首例。二青会是体育与传统媒体、新媒体、新技术等全面融合的契机。二青会后，针对新兴技术，将开发更多的媒体资源宣传体育，为广大群众提供更灵活的信息，建立包括电视、网络、手机等综合传播机制，让更多人喜欢体育。

1.4 体育产业方面

体育产业囊括了体育管理服务、体育场馆服务、体育中介服务、体育用品及其他体育相关服务，其具有巨大的关联性和融合性，如与旅游、健康、文化的关联，与科技、互联网的交融，让其在智慧体育产业方面有巨大的优势。5G技术与体育产业结合，将为包括竞技体育、全民健身、休闲体育、体育场馆及设施等提供智能化产品和服务。转型升级的现代体育产业，是科技产业、文化产业、传统体育产业、传媒产业、生物医药产业、旅游产业的集合体，形成多领域多层次的产业链协同发展。在改变传统政府管理体育产业态势，形成政府引领、市场主导的运行机制的同时，会吸引一大批具备新技术、新思维的人才投入体育产业，集聚众多民间资本投资体育产业，优化体育产业结构，实现体育产业转型升级。例如5G技术可以打造智能化的体育服务平台，将体育领域的海量数据实现物与物、物与人的全面关联，无处不在的感知设备也将传统体育现状变为数字体育，改变传统体育产业供给模式，让人们可以更加便捷、准确地获取所需要的体育资源，大大提升工作效率。如在体育赛事管理中，人们通过智能平台可以实现购票、路况导航、泊车导航、入口导航、扫码入场、导航入座、广告推送、体育用品推送等一体化服务平台；在观看比赛中，还可以实时分享、视频回放、视频互动等，大大满足人们的多种需求。

1.5 体育康复方面

运动员伤病是训练中难以避免的，但是很多体育训练单位因为缺少相应的医疗团队，导致运动员伤病不能得到及时治疗，延误最佳治疗时机，为运动员今后生活留下诸多隐患。5G技术使远程医疗不再是梦想，2019年1月19日，我国一名外科医生利用5G技术实施了全球首例外科手术，满足了远程呈现甚至远程手术的需求，使偏远地区的运动员也能享受到优质的医疗资源。由于体育康复的人才培养需要相当长的时间，5G 所要做的是以空间换时间，用 5G 的手段和方法为运动员的康复需求提供帮助，在优化体育康复资源配置的同时也能为运动员带来更好的治疗体验。5G 技术的应用在体育康复方面主要体现为远程康复示教、移动康复设备数据互联、远程遥控手术等，将大大突破诊断和治疗的地域限制，实现康复师与运动员更高效的对接。同时 5G 低时延、高可靠性的特点能为用户提供毫秒级的端到端时延和接近 100% 的业务可靠性保证，实现"瞬时传输"的体验，[1] 能更好地支持连续监测和感官处理装置，支持医疗物联设备在后台进行不间断而强有力的运行，收集运动员实时数据，为后期治疗提供针对性服务。

2．结语

当今的体育已不再只是竞技金牌，而是不断渗透到生活的方方面面。从全民健身上升为国家战略，到体育产业爆发式发展，中国体育正迎来一个崭新的时代。5G 技术虽然还处于发展阶段，但是其在体育领域丰富的应用前景必会成为体育发展的新引擎，将成为一切重新组合、重新构造的力量，引领体育进行深刻的变革，这不仅是现代体育发展的方向，更是推进体育强国建设、实现国家富强的必然要求。

---

[1] 匡文波、江倩岚：《5G 时代的媒体用户变化研究》，《新闻与写作》2018 年第 11 期。

场馆再利用：当二青会遇上圣天湖

杨国珍

运城学院体育系

1. 大型赛事后场馆再利用及二青会圣天湖铁人三项遗产的对接

1.1 大型赛事后场馆再利用问题

大型赛事的场馆建设成本非常高，因此设计规划的合理、运营得当、实现效益显得尤为重要，如1992年巴塞罗那奥运会实现了全部场馆的合理营运，实现了社会效益和经济效益，称为"巴塞罗那效应"。[1]

大型体育赛事后场馆的闲置、废弃、甚至拆除，都会造成社会资源的严重浪费；场馆维护、运营管理成本过高，也会造成巨大亏损；对环境产生不良影响，造成能源消耗和污染。[2] 如耗资1.5亿元在四川绵阳修建占地405亩的九州体育馆，2005年举行完第13届世界拳击锦标赛后，就一直处于闲置的状态。[3]

二青会后，山西体育比赛场馆何去何从，圣天湖铁人三项场地面

---

[1] 刘继志：《奥运场馆综合利用研究》，《中国经贸导刊》2009年第16期。
[2] 任海：《奥林匹克运动与环境》，《北京体育大学学报》2005年第38期。
[3] 张现成、黄汉升、方千华等：《我国大型体育场馆闲弃的类型、成因及对策研究》，《天津体育学院学报》2013年第28期。

临再利用问题，需要认真总结、分析研究以往成功经验和出现的问题，使圣天湖铁人三项场地得到充分利用，实现社会效益和经济效益。

1.2 二青会圣天湖铁人三项场馆遗产与潜资源优势

铁人三项是以游泳、自行车、跑步为主的相关多项运动的统称。[1]铁人三项是一个新兴的现代体育运动项目，亲近自然、充满快乐与挑战，活动形式多种多样，倡导"融入自然、挑战自我"[2]的生活理念。铁人三项赛具有巨大的商业价值，其衍生的"跑步经济""游泳经济""自行车经济"市场潜力大，[3]最具魅力和商业价值。

二青会铁人三项运动比赛场地位于关公故里运城市芮城县圣天湖体育小镇，地处晋陕豫黄河金三角，区位优势明显；环境优美、自然条件得天独厚；属于黄土高原，地形优势突出；周边有高速公路相连，与运城机场、运城高铁站、三门峡高铁站相邻，交通十分便利。2017年入选全国首批特色运动休闲体育小镇。圣天湖铁人三项场地总投入3750万元，新建水泥路面自行车赛道3500米（宽10米~20米），转换地区为水泥硬化面积1656平方米，修缮环湖跑道1500米，游泳区2100平方米，绿化713平方米，新建卫生间7处。[4]

二青会圣天湖铁人三项运动赛事必将留下众多遗产。根据奥运会遗产存在的形式分为有形和无形两种，[5]也把二青会铁人三项赛事遗产归纳为两类。有形遗产包括环湖跑道、泳池、自行车赛道等场馆设施

---

[1] 中国铁人三项运动协会，中国铁人三项运动协会章程（2014修订版）。

[2] 中国铁人三项运动协会，铁人三项简介[EB/OL].http://triathlon.sport.org.cn/about/,2013-03-10.

[3] 蒋清、戴兴鸿、敬艳：《我国铁人三项赛事发展研究》，《体育文化导刊》2017年第10期。

[4] 周明飞：《太原二青会：运城圣天湖铁人三项比赛场地全面完工》，《山西日报》2019年第4期第27版。

[5] 熊晓正、王瑞斌：《对北京奥运会"独特遗产"的理解——实现"跟着讲"向"接着讲"的跨越》，《武汉体育学院学报》2006年第10期。

及其配套设施；体育小镇基础设施的改善以及交通、住宿、餐饮、安保、纪念品、旅游产品等；无形遗产包括铁人三项运动的普及，人们参与铁人三项的热度，二青会期间管理服务的经验，二青会带来的品牌效应、广告效应，体育小镇形象以及其他社会影响（见表1）。

表1 二青会圣天湖铁人三项运动赛事遗产

形式	有形遗产	无形遗产
内容	·环湖跑道、泳池、自行车赛道及转换区 ·铁人三项配套设施 ·交通、餐饮、住宿、安保、娱乐等设施 ·二青会纪念品旅游产品等	·全民健身氛围 ·铁人三项运动的普及 ·参与铁人三项的热度 ·二青会期间的赛事组织、管理、服务经验 ·二青会的品牌效应、广告效应 ·运城、圣天湖的地方形象、二青会铁人三项运动记忆等

2. 二青会后圣天湖铁人三项场地再利用实现路径

2.1 铁人三项+体育小镇一体化发展与休闲体育观光文化的构建路径

大型赛事可以带来可观的观光旅游经济收益。[1]加拿大卡尔加里和盐湖城在冬奥会后将赛场建设为奥林匹克公园，开发了冬奥会体验观光路线、冬奥博物馆。[2]二青会后充分挖掘二青会所带来的遗产资源，与圣天湖体育小镇一体化协同发展，营造休闲观光文化氛围。结合优美的环境、得天独厚的自然条件和小镇原有设施，建设铁人文化公园，

---

[1] 万德全：《体育观光产业发展研究》，《体育文化导刊》2014年第11期。
[2] 徐宇华、林显鹏：《冬季奥运会可持续发展管理研究：国际经验及对我国筹备2022年冬奥会的启示》，《北京体育大学学报》2016年第39期。

共享体育小镇其他资源如冬可欣赏天鹅、夏可观赏荷花等。圣天湖体育小镇以整体形象展示给游客，吸引众多游客前来休闲观光，建设成休闲体育观光旅游文化品牌地。

2.2 铁人三项+河东关公文化融合发展与品牌体育精神文化的构建路径

运城是关公故里，结合关公文化、铁人精神打造圣天湖铁人三项文化，具有重要的意义。将关公的"忠、义、仁、勇"精神[1]与铁人三项运动相融合："忠"对国家忠诚、对民族忠诚，小的方面来说是忠于自己的团队或俱乐部，工作人员对岗位的忠诚；"义"可以说是一种正义，在铁人三项比赛中，表现为维护比赛的公平正义、远离兴奋剂、对比赛规则的遵守，工作人员热情服务等；"仁"体现道德文明的大爱、博爱精神，在比赛中体现道德意识，博爱精神，具体为对队友或对手的尊重，对裁判的尊重，工作人员的大爱、博爱服务意识；"勇"体现勇敢往前冲的精神，勇于担当，勇于奉献。

通过铁人文化与关公文化融合，打造品牌体育精神文化，提升"软实力"，向服务求效益，打造最佳体育比赛、休闲、娱乐、旅游、保健地。

2.3 铁人三项场地公益+收益多元化发展与体验式精品体育赛事文化构建路径

法律法规对公共体育场馆公益性的社会属性做出明确规定。[2]经常开展全民健身活动，普及铁人三项知识，培养铁人三项运动爱好者。与地方合作为当地培养优秀的铁人三项运动员；与地方高校、中小学校合作，开展铁人三项进校园活动；开展以铁人三项为主题的夏令营、冬令营研学体验；打造教育+体验+健身+娱乐的公益模式，开展全

---

[1] 师振坤：《论关公文化的伦理精神及其意义》，山西大学，2011年。

[2] 张现成、黄汉升、方千华等：《我国大型体育场馆闲弃的类型、成因及对策研究》，《天津体育学院学报》2013年第28期。

民公益性活动。

从单一的硬件服务向多元化服务转变,[1]场馆功能多元化也是韩国体育场馆的成功运营经验,[2]运营上实行大型活动与多元化商业经营并举,提高大型体育场馆的社会效益和经济效益。[3]例如承揽各类会议、展览会,举办各类休闲文化活动、节庆活动;结合铁人三项特色的体育小镇开展体育旅游活动;与周边景区合作吸引游客前来观光与体验、观看赛事等,加强商业化推广(见表2)。

表2 铁人三项公益+收益发展表

类别	公益性	收益性
内容	·定期开展铁人三项全民健身活动 ·建立铁人俱乐部为地方铁人三项培养高水平运动员 ·铁人三项知识普及教育 ·赠送或打折赛事门票,吸引更多人参与铁人三项运动 ·举办铁人夏令营、冬令营 ·与当地高校、中小学校共同开展校园铁人运动 ·免费开放场地设施等	·铁人运动训练基地 ·承办大型铁人赛事(门票、赛事转播、广告、网络直播等) ·场地租赁(如训练基地、会议、会展、节庆活动、庆典等商业性活动) ·体育装备租赁(如铁人三项自行车、运动保护装备等) ·开展拓展体验 ·铁人三项俱乐部培训 ·开展铁人体育旅游活动 ·提供保健、娱乐、健身等高品质的服务 ·观光与体验服务性收费等

---

[1] 张心江、赵丽霞、刘亚群等:《第12届全运会沈阳大型体育场馆赛后管理研究》,《体育文化导刊》2012年第7期。

[2] 武国栋:《奥运体育场馆赛后运营模式分析与启示》,《西安体育学院学报》2011年第4期。

[3] 刘康、吴珂:《大型体育场馆赛后利用现状与运营研究》,《中国体育科学学会会议论文集》。

进行体育赛事文化构建，场馆必须努力把职业体育融入场馆运营战略，[1]承办职业体育赛事是奥运会场馆赛后利用的成功经验。[2]以赛养馆，继续发挥体育场馆举办赛事的本体功能，[3]为了维持场地持续良好发展，实行收益性的运营模式。利用标准的铁人三项比赛场地和设施、优美的体育小镇环境、优质的赛事服务，吸引国内外大型比赛，打造高水平精品赛事。

十运会中江苏省把一些比赛场馆建设与训练基地建设统一起来，[4]不但可以承担比赛任务，而且解决了高水平队的训练基地问题。因此，对于圣天湖场地来说，管理者要与省政府、省体育局、铁人三项运动协会合作，统筹规划，建设成铁人三项运动训练基地。

2.4 铁人精神+铁人运动健康城市与健康体育生活文化构建路径

把大型体育赛事场馆建设及运营融入城市生态环境改善、城市改造为核心的城市更新战略。对所在城市的整体环境与功能进行全面完善，带动城市经济、环境、文化的发展，从而提高城市的活力，促进城市新陈代谢。[5]

加强与中国铁人三项协会的合作，把圣天湖体育小镇打造成市民参与体育运动的理想之地。将铁人精神与铁人运动融入运城城市建设和市民生活中，打造积极乐观、充满活力的城市气息，把运城建设成中国铁人运动健康城市。

---

[1] 杨培培：《"后奥运时代"场馆可持续利用研究》，《运动》2017年第13期。

[2] 林显鹏：《现代奥运会体育场馆建设及赛后利用研究》，《北京体育大学学报》2005年第28期。

[3] 冷腾：《盐湖城冬奥会场馆赛后利用研究》，北京体育大学，2017年。

[4] 孔庆鹏、芦根法、丁仕斌：《体育场馆建设与城市发展的和谐统一——十运会体育场馆建设的成功探索》，《体育文化导刊》2006年第11期。

[5] 宋铁臻：《城市现代化研究》，红旗出版社，2002年。

3．二青会铁人三项与体育小镇的耦合与文化彰显

体育小镇建设的本质就是体育文化，文化是体育小镇发展的重要推动力量，品牌文化是品牌体育旅游小镇的重要内涵。[1]

二青会铁人三项与小镇的耦合对接构建休闲体育观光文化、品牌体育精神文化、体育赛事文化、健康体育生活文化，对于小镇的发展起重要作用。圣天湖目前有滑草、滑水、滑雪、索道、汽车露营、湖中划艇、休闲垂钓、水上飞机等多种体育旅游设施。[2]二青会与圣天湖体育小镇耦合，使零碎的、不系统的圣天湖场馆文化得到彰显，充实了小镇的文化内涵，彰显河东文化体育小镇的风采，传承了河东体育文化，促使圣天湖体育小镇持续发展。

4．结论

二青赛事与体育小镇的耦合是传统与现代的完美融合，提出4种路径打造圣天湖体育特色小镇：

铁人三项场地+体育小镇一体化发展，以休闲体育观光文化丰富小镇内涵；铁人三项+河东关公文化融合发展，以品牌体育精神文化丰富小镇内涵；铁人三项公益+收益多元化发展，以体验式精品体育赛事文化丰富小镇内涵；铁人精神+铁人运动健康城市与健康发展，以体育生活文化丰富小镇内涵。

体育场馆再利用的休闲体育观光旅游文化路径主要服务体育旅游观光人群、体验式精品赛事文化路径主要服务青年学生人群、健康体育生活文化路径主要服务老年健身康复群体、品牌体育精神文化路径主要服务中老年文化群体，将成为立体化、全覆盖的特色文化产业体

---

[1] 来顺领、朱颖：《基于体育文化的体育旅游小镇建设研究》，《吉首大学学报》（社会科学版），2018年第39期。

[2] 圣天湖景区，走进圣天湖[EB/OL].http://www.shengtianhu.net/index。

育小镇。

参考文献

[1] 鲍明晓.奥运举办城市体育场馆的建设、运营与管理[J].体育科研.2006.27(5):1—10.

[2] 晋政办发〔2016〕157号,"山西省人民政府办公厅关于印发第二届全国青年运动会筹备工作方案的通知"[Z].2016—11.

阳泉射击射箭场馆二青会赛后利用设想

王跃贤

阳泉市体育运动学校

2019 年，第二届全国青年运动会将在山西省举行，这是山西省第一次承办的全国综合性大型运动会，对于优化发展环境、展示城市形象、提升山西省知名度和美誉度、提高对外开放水平，具有十分重要的意义。

现在很多城市都把体育文化的建设作为整个城市文化建设的一个重要组成部分，尽力去打造城市的体育品牌，让"体育名城""体育之都""赛事名城"等独具特色的体育元素融入其中，以提高城市整体的形象、增强城市的魅力和辐射带动力。

阳泉市为了承办第二届全国青年运动会的射箭比赛，新建了项目总投资 23669.26 万元的阳泉射击射箭馆，规划用地 75250 平方米，建设用地 49436 平方米，总建筑面积 12954 平方米，其中，射箭馆 3154 平方米，射击馆 9800 平方米。之前阳泉市射击射箭队的训练环境十分艰苦，没有专门的射箭训练场地，只有利用教室改建的十来个 10 米气枪靶位的训练场地，新场馆的落成，将在很大程度上促进阳泉市射击、射箭运动的发展。

阳泉市射击、射箭队先后培养出了世界冠军王智伟、杨建平，亚洲冠军胡杨，全国冠军石维宏、井炜、卢燕、王婧、解清雅、霍瑞萍、王秀荣、李维斌、于少卿等一大批优秀运动员，为山西省射击、射箭运动的发展做出了巨大的贡献。

随着二青会比赛日期的临近,一些重大课题摆在了我们面前:如何通过二青会引领阳泉市的社会、经济、文化发展,以及全民健身的推动、精神文明的促进、文化遗产的保护和弘扬、场馆赛后再利用等等。作为一名射击项目的教练员和射击、射箭项目的领队,我想就二青会后射击、射箭场馆的充分利用做以下几个方面的探讨。

1. 利于更多苗子队员的脱颖而出

射击射箭场馆不像体育场或体育馆可以进行商贸活动和商业演出,它只能进行专业性很强的与射击射箭有关的体育、教育活动。射击、射箭一直是中国体育优势项目之一,中国射击队是一支世界射击劲旅,在历届奥运会和亚运会上都是夺取金牌最多的团队之一。但射击运动的普及程度却难与乒乓球、篮球等项目相比。由于射击、射箭项目受到场地、枪弹、弓箭器材的限制,以及我国在枪支管理方面的规定所限,射击的普及有难度,但随着激光枪等新设备的出现,射击运动的推广出现了有利条件。近年来射击、射箭项目在国际赛场上成绩不错,但是也存在着新生代人才缺乏的问题。这种局面的出现与射击、射箭运动缺乏民众基础、普及不到位有关系。如果我们射击、射箭管理者和从业者能想办法创造条件,推动全民参与射击运动,把适合这项运动的优秀人才选拔出来重点培养,输送到国际赛场为国争光。

2. 利于增强全民体质

"重在参与"首要是参与进去,享受运动的乐趣。随着我国社会经济的发展,随着体育人口的不断加大,射击、射箭运动独特的魅力越发展示出来,广大体育爱好者参与射击、射箭运动的积极性很高,但他们苦于没有场地、教练员、枪弹、弓箭器材等。二青会引领了当地社会、经济、文化的发展,推动了全民健身、促进了精神文明、保护和弘扬了文化遗产,而在二青会之后,要将这些发扬和延续下去,才是最终能使二青会等一系列的全国综合性运动会真正成为利国利民之举。

中国第一枚奥运会金牌的获得者，前国家射击队总教练许海峰认为：1. 射击运动可以矫正我们的身姿；2. 射击运动可以增强学生们的自我约束能力；3. 射击运动可以调整学生情绪、缓解学生的压力，避免或减少学生产生心理问题；4. 射击运动相对于其他竞技运动对学生的损伤最小；5. 射击运动可以培养学生顽强、果断、勇于克服困难的意志品质；6. 射击运动可以培养学生的礼仪意识。

其实，在国内可以接触射击、射箭的人比较少，关注度也很小，而且选材也有限，多进行一些推广活动对于补充射击、射箭力量，推动全民参与很有帮助。在德国，人们可以在射击俱乐部学习、体验射击，射击运动在德国十分普及，那里有许多大大小小的射击俱乐部，可以说是世界上射击普及程度最高的国家，其与射击相关的产业也是全世界最发达的。激光枪的进一步研发和普及会让我们寻找到一个安全的模式来推广射击运动。这种安全的训练已经进入校园和一部分家庭，平时学习紧张、工作忙，就近就可以练习射击技术，周末就能来到射击场进行实弹操作。大力普及射击射箭项目能够使得国家投入巨资建设的比赛场馆发挥更大的作用。

3. 利于项目运动员的尽快成长

二青会后，射击射箭场馆在保证运动队正常使用的情况下，应向学校以及社会单位开放，通过射击射箭运动的普及，教会大家热爱运动，让体育训练干预生活，预防伤病，提高生活质量。射击射箭场馆作为专业基础设施，不仅在二青会中扮演着重要的角色，在"后二青会时代"中还将继续发挥着重要的作用。除了积极接待全国青少年系列赛，省内青少年射击、射箭竞赛，和各省或地市的运动队伍外训等训练、比赛功能以外，应该更好地考虑全民健身（全民性质的比赛），普及射击、射箭运动，培养射击、射箭运动爱好者，扩大塔基建设。通过培养一大批爱好射击、射箭运动的家长去带动一大批爱好射击、射箭运动的青少年，从而解决喜欢射击、射箭训练的青少年得不到家长支持和家长无法通过体育训练给孩子找到成才之路的怪圈。并且，让具备优秀运动天赋的青少年能在家长的理解支持下参与运动、参与训练，给孩子创造条件，让他们能有脱颖而出的机会。

4．利于产生更大经济效益

在古代，射箭本是中国传统"六艺"（礼、乐、射、御、书、数）之一，也就是中国古代学生必须掌握的六种基本技能之一。然而，发展到今天，射箭这项运动在中国却并不普及。相反，韩国却成了这一项运动的霸主，在这项运动上占据了绝对的统治地位。其中，韩国女队不仅实现了奥运会团体冠军八连冠的壮举，还一直保持着女子射箭的世界纪录和奥运会纪录。韩国射箭能够在世界箭坛独领风骚，与全民参与给韩国射箭项目提供了强大的群众基础分不开。在韩国，射箭是学校体育必修课之一，从小学到大学都有射箭队，从事射箭运动的有几十万人。

山西省发起的"高平论箭""中国·高平后羿杯"全国射箭邀请赛是"问祖炎帝、寻根高平"海峡两岸神农炎帝经贸文化旅游招商系列活动内容之一，旨在传承始祖炎帝人文精神、弘扬射箭传统文化、打造"高平论箭"品牌，推进高平文化、体育、旅游深度融合。至今已经成功举办了两届，取得了很好的社会效益，值得我们借鉴和推广。

太原市的龙城射艺引领了在全民健身活动中发展普及射击、射箭运动的先河。成立于2013的龙城射艺俱乐部，到现在参与全国性专业比赛和全国俱乐部比赛50余场，俱乐部会员超过500人，带动青少年接触并参与射击、射箭训练超过5000人；在山西省射击、射箭锦标赛中，激光枪射击比赛及射箭丙二组别多年包揽前八名，丙组成绩多次进入前三名，为地市射击射箭队输送人才数十名。

龙城射艺俱乐部是山西省射击射箭管理中心后备人才基地，山西省射击射箭协会副会长单位，协助省射运中心与协会多次完成全省和全国大中小型活动及比赛多场。他们积极拓展射箭运动的普及工作，

2015年协助山西大学开设射箭选修课并成立校射箭协会，2016年联合五一路小学开设第二课堂，2017年联合太原市第十四中学开设特色学校并成立校队，田学刚经理积极参与了20多场全国射箭俱乐部比赛的裁判工作。

龙城射艺多年来在射击、射箭运动的发展普及工作产生了良好的社会效益和经济效益，得到了山西省体育局有关部门的肯定和支持。在将射击射箭运动推向市场化的进程中，龙城射艺俱乐部为我们做出了榜样！

这些成功的举措和经验都非常值得我们深入地学习、借鉴，在他们发展的基础上，进一步改良，让我们阳泉市射击射箭运动大众化、市场化之路走得更加科学、更少挫折。建议龙城射艺能够来阳泉设立分部，协助阳泉做好后二青会射击、射箭项目的普及工作。

5．利于产生更大的社会效应

射击射箭是我国传统军事体育项目，我们可以把射击射箭运动与爱国主义教育和国防教育结合起来。射击射箭场也是普及国防知识、加强爱国主义教育的最理想的课堂，是进行国防教育的重要基地，配合各学校更好地进行国防教育。

下一步，阳泉市将成立射击协会和射箭协会，吸纳更多的人尤其是青少年，通过射击射箭运动来强健体魄、锻炼心智！进一步抓好体教结合工作，推动射击、射箭进校园活动，目前阳泉市开展射击项目的有市三中学校，开展射箭项目的有市七中学校和北岭小学。进一步扩大普及的基数，射击、射箭至少动员10所以上的学校开展项目。射击射箭运动要走进校园，还必须要有专业的技术人员才能指导和辅导训练，这样还可以解决一批退役运动员的安置问题，为优秀退役运动员的二次就业创造了条件，起到事半功倍的作用。

随着射击、射箭项目进校园活动的开展，使得过去只是竞技体育比赛的小众运动项目，逐渐成为青少年喜闻乐见，积极参与的集健身、娱乐、竞赛、锻炼于一体的培养青少年意志品质的项目。积极开发各类型的射击、射箭比赛，有学校组织在校学生的，有老年协会组织老年人的，有通过工会组织工人的等等，让老年、中年、青年、少年，全年龄段的人远离手机、到户外，到射击场去体验射击、射箭的乐趣，体验体育和国防教育的结合，感受丰富多彩的训练竞赛活动，让多样化的比赛形式健康开展起来。

积极参与全国青少年射击、射箭冬夏令营活动，让先进的场馆更好的发挥普及推广射击、射箭运动的作用。围绕夯实群众体育、竞技体育和体育产业发展基础，进一步完善健全政府引导、社会举办、多元投入、有效监管的长效机制，增加青少年体育培训服务有效供给，为广大青少年养成终身体育锻炼习惯打下基础，实践证明射击、射箭在学校的开展是体育运动干预"小眼镜儿"和"小胖墩"的一剂良方。

2019年山西站射击、射箭冬夏令营活动就是以"阳光少年、助力青运"为主题，以体育项目技能培训为主要内容，通过举办丰富多彩的射击、射箭夏令营活动，进一步扩大二青会在山西省的成功举办带来的社会效应，促进山西省青少年体育技能的普及与提高，为发展体育事业、增强人民体质，营造良好的社会氛围，阳泉一定抓住这次机遇，将我们的射击、射箭夏令营活动搞好。

山西省射击射箭运动管理中心的多名教练员曾经说过，阳泉青少年在独特的地域文化熏陶下，特别适合从事射击、射箭运动，希望阳泉射击、射箭队能够利用好二青会建起来的射击、射箭场馆，大力发扬射击、射箭运动，为山西省优秀运动队输送更多更好的优秀运动员。有了先进的发展理念，阳泉市射击、射箭场馆在后二青会定能发挥出最大的能效！

后二青会时代场馆可持续使用运营的研究与探索

杨鑫

中北大学体育学院

第二届全国青年运动会是山西省历史上第一次举办大型综合性运动会。太原作为主赛区，将承办16个项目的赛事，太原市对大部分场馆进行了维修改造，并且还建设了青运村和高校园区部分体育场馆，新建网球馆、水上运动场、沙滩排球场和射击馆、射箭场等一大批场馆。这将大大改善山西省目前专业运动队生活训练条件差的现状。国际体育交流中心等配套工程可用于新闻发布，赛事转播和接待运动队、裁判员等。利用高校场地，改扩建了一批场馆，提高了高校的体育基础设施的标准，这对高校的体育教学的促进也具有积极意义。

但这些场馆的建设，无疑是耗费了大量的资金的，如果这些场馆在二青会过后得不到充分的利用，这笔巨额的投资，显然是不合算的。在索契冬季奥运会结束之后，大量场馆被弃用，场馆建设费用使政府承受了巨额的债务，甚至遏制着当地经济的发展。雅典奥运会高额投入和赛后场馆的高昂维护资金直接让希腊政府陷入了债务危机，虽然欧盟数次伸出援手，但目前希腊的经济仍然不容乐观。二青会尚在筹备当中，对于索契和希腊的教训，我们要防患于未然，未雨绸缪，将二青会过后的场馆使用和运营提前规划好，确保后二青会时代给山西带来更多发展的机遇。

本文通过对一些重大赛事之后场馆的可持续使用和运营状况进行

研究，分析场馆的运营模式，提出了相关的建议，希望为山西省二青会过后的场馆运营和利用提供参考，提高体育场馆建成后的利用率。

1. 重大赛事后的场馆运营与利用

1.1 奥运会之后的场馆利用

北京奥林匹克公园赛后及时成立管委会，以体制机制为改革的突破口，在明确各单体场馆主体功能和基本职责的前提下，赋予各单体场馆更多的运营自主权使场馆得到了充分的利用，鸟巢与水立方所在的奥林匹克公园成了旅游景点，同时也发挥场馆主体功能，先后承办了大量的赛事，如田径世锦赛、足球邀请赛等等，还承办了许多文体活动，使场馆得到了充分的利用。在北京奥运会之前，奥林匹克公园南侧预留了 60 余公顷土地，在奥运会结束后才开始建设，其目的是打造了一个奥体文化商务园区，使其成为一个重点城市功能区。后期园区的建设使奥体公园融入城市，使场馆的价值得到了最大的发挥。

伦敦奥运会赛后首先成立的就是专门的垃圾管理公司，确保其赛后利用的绿色环保。伦敦奥运会场馆赛后利用以遗产管理运营的奥运遗产公司为突破口，结合社会需求，进行商业和市场化的运营，全力推进奥运场馆在赛后的高效利用，同时在就业、培训、社会服务等方面也将场馆的利用率大大提高。并且还适时开展适合居民参与的体育活动。这充分体现了后伦敦奥运时代的商业与公益并重的理念。

1.2 全运会前的场馆规划设置

近两年的辽宁、天津全运会，大部分的场馆都建设在高校。辽宁全运会的主要赛区在沈阳，沈阳市高校新建、改建 8 个体育场馆，分别是沈阳医学院体育馆、沈阳农业大学体育场、沈阳工业大学体育馆、沈阳大学体育馆、辽宁大学体育馆、沈阳航空航天大学体育馆、沈阳农业大学禾丰体育馆、东北大学刘长春体育馆。这种对现有体育馆的改造升级，对大学体育的推进有着重要意义，也充分体现节俭办全运的理念。

在天津全运会期间，天津除了完善市区内的奥体中心外，还在静海区打造了天津市健康产业园——天津体育中心，形成了产业集群，而随着天津体育学院，天津中医药大学，迁入健康产业园区的新校区，更是促进了医体融合。新建或改扩建的场馆有五所，分别是中国民航大学体育馆、天津中医药大学体育馆、天津财经大学体育馆、天津工业大学游泳馆、天津工业大学体育馆。无论是高校基础建设的完善，还是产业集群的打造，都需要设计规划的合理科学，因此，对于场馆的运营规划是其未来可以被有效利用的重要前提。山西省二青会也本着节俭办青运会的理念，改扩建了一大批高校体育场馆，全运会的经验可以为山西二青会结束后高校场馆的利用提供重要的借鉴。

2. 二青会后场馆使用与运营模式的探索

2.1 运营与维护分开管理

对于高校新建、扩建、翻新的场馆，可以借鉴国外体育场馆管理经验成立场馆管理中心，或将场馆的管理纳入学校后勤部门里。让管理中心或后勤部门进行专门的日常运营和维护，让体育院系的教师可以完全投入到教学当中，实现体育场馆管理与教学的完全分离，更好的从事体育教学。另外，在节假日的时候，学校的体育场馆可以以稍低于市场价的价格对社会开放。这样既不影响教学，还有了维护资金，也使场馆得到了充分的利用。对于社会上的一些场馆，要以服务公众，亲近公众为宗旨。虽然场馆都具有管理中心，但对外的开放程度不够。大部分场馆还需要上级财政拨款实现运营。对于这类问题，可以考虑成立经营公司或将经营权对外承包，将所有权与经营权分离，以管理中心来维护，以公司经营的方式来进行运营，也减少了对拨款的依赖，增加了更多的自主性。要实现后二青会时代场馆的可持续高效利用，政府更需要转换观念,从开始的办好赛事的服务理念转化为赛后场馆产业运作的理念。

2.2 主要承接体育赛事与活动

伦敦奥运会赛后场馆的商业运作,将场馆的有效利用发挥到了极致,商业公司和一些职业体育赛事合作,提前规划了大量的赛事,这对体育产业的发展、对场馆的利用是一项双赢的举措,也进一步促进了体育文化的发展,使公众可以享受到更多精彩的体育赛事。二青会之后的体育场馆也应该发挥其本质功能,承接重大职业体育赛事,加快将体育赛事融入到场馆运营合作当中,目前山西的职业体育赛事较少,没有职业的中超球队,省级羽毛球队这类让群众关注的专业队,而这些运动项目恰恰是日常生活中公众喜爱且普及度都非常高的项目的项目。对此,山西省更要以这次举办二青会为契机,把具有山西特色的品牌体育赛事和群众喜爱的体育赛事做强做大,满足群众对体育文化的强烈需求。

2.3 绿色环保多用途利用

许多运动项目具有一些技术性、难度性和很强的竞技性。大部分公众并不爱好,而这些场馆仅仅适合专业运动员的训练,即使创新模式,也很难吸引更多的公众参与到项目中来,从而利用场馆。但是,大部分的公众对一些容易上手,具有趣味性的项目是有很高的参与性的,比如篮球、羽毛球、乒乓球等一系列球类项目。二青会结束后,可以将这种单一的场馆改造成多用途的场馆,与公益相结合,发挥其体育休闲的属性,低价开放给公众。从而充分盘活二青会留下的各种场馆资源,使这些场馆得到高效利用。

3. 二青会后场馆的利用与建议

3.1 加大对体育赛事和活动的承办，创新模式亲近公众

要以山西省"十三五"体育事业发展规划为指导发挥体育场馆的本质功能，积极承办赛事与活动，同时还需要加强供给侧改革，所以就是要以场馆主业为基础，以体育产业为主导，以相关健身服务业为配套，形成自主投资、合作经营、租赁经营等多种形式并存的格局，以良好的场馆硬件资源为依托，挖掘其现有体育本体资源，从而加大对体育赛事和活动的承办。积极开展运营管理体制改革与机制创新，要给予场馆运营更多自主权，使其可以根据自身优势与行业规律去自主经营，寻求更好发挥场馆功能的运营模式，科学制定提高场馆运营化水平的标准，建立以综合评价体系为核心的场馆绩效考核机制，从而不断提升场馆综合运营水平。在场馆的外围打造一体化的商业圈，实现场馆多功能开发，更多地亲近公众。在互联网思想的大潮下，可以把体育场馆的运营结合互联网，从而提供一种新的营销方式。开发手机客服端 App，开发显示场馆资源空置情况、闲时打折、预约场地、多人组团拼单包场，运动课程购买等一系列功能，挖掘体育的多元价值。

3.2 结合场馆建立二青会文化体育小镇，促进区域体育文化产业发展

尝试打造功能结构运维管理一体化的体育小镇发展小镇经济，遵循场馆公益属性强化服务功能，积极探索以政府引导、企业为主体，市场化运作的新型小城镇创新模式，引导社会资本参与体育小镇建设，最终达到产城融合、共同发展。推动城市建设，增进社会和谐，带动体育产业，促进体育事业的可持续发展。使体育产业聚集的起来的，形成产业聚集优势，同时还可以带动旅游业服务业。

3.3 强化交通优势，减少时间成本，促进场馆使用

由于一些场馆的位置在规划上远离市区，公众的时间成本较高，即使拥有一流的设施，群众前往的积极性也不高，造成场馆的闲置浪费。如果依托这些场馆打造一批体育产业集群，并且从交通基础设施等方面提高用户的体验，相信是可以得到公众的认可和参与的。

3.4 加大专业人才培养，推进体育场馆的专业运营与管理

体育场馆的运营与维护离不开专业人才。对此要加快体育人才队伍建设，充分发挥高等体育院校的优势，山西省拥有体育专业的院校有十余所，山西大学、中北大学、太原理工大学、山西农业大学、山西师范大学等多所高校都拥有体育硕士点，但目前对于体育产业管理和运营方向的人才培养相对于体育教学方面还是较少，远远满足不了市场的需求。这些高校要以市场需求为导向，培养社会需要的体育管理人才，并且高校要积极与社会上的体育产业与管理方面的公司进行合作，建立实习基地，理论与实践相结合，培养社会急需人才。对于现有的管理人才要提高其待遇，增强专业人才的职业认同感，定期组织培训管理运营的先进理念，不断学习提高，从而更科学、更专业地运营赛后的场馆。

参考文献

[1] 金睿. 伦敦奥运会场馆的赛后利用及启示[J]. 体育成人教育学刊,2018,34(05):27—36.

[2] 叶小瑜,刘兵,谢建华. 现代奥运会场馆发展回顾与展望[J]. 体育文化导刊,2014(04):120—123.

[3] 孔庆梅,张元厚. 全运会后沈阳高校体育经济发展模式探索——以高校体育场馆赛后运营为例[J]. 高等农业教育,2014(02):70—72.

[4] 睢强. 奥运场馆赛后可持续使用和运营研究[J]. 文体用品与科

技,2018(18):29—30

[5] 赵琪.奥体文化商务园——后奥运时代北京先锋示范区[J].城市建筑,2018(20):62—65.

[6] 林显鹏.现代奥运会体育场馆建设及赛后利用研究[J].北京体育大学学报,2005(11):6—9.